Ma vie avec les chimpanzés

Jane Goodall

Ma vie avec les chimpanzés

Traduit de l'anglais par Florence Seyvos

l'école des loisirs
11, rue de Sèvres, Paris 6[e]

L'école des loisirs a publié deux livres écrits par des collaborateurs de Jane Goodall : « La journée d'un chimpanzé sauvage », « L'Ancien. Un chimpanzé et sa communauté », par Geza Teleki et Karen Steffy.

Les deux livres sont le fruit de l'observation des chimpanzés du parc de Gombe que Jane Goodall a créé.

Crédits photographiques :
© Konrad Lorenz Institut, p. 13
© National Geographic, Hugo van Lawick, p. 95, 108, 116, 118, 129, 132, 134, 137, 146, 149, 158, 162, 164, 190
© Mary Ellen Mark, p. 173

Titre original : « My Live With The Chimpanzees » (A Minstrel Book, Pocket Books, Simon & Schuster, NY)
Loi numéro 49956 du 16 juillet 1949 sur les publications destinées à la jeunesse : mars 1991
Dépôt légal : mars 1991
Imprimé en France par Jean-Lamour à Maxéville

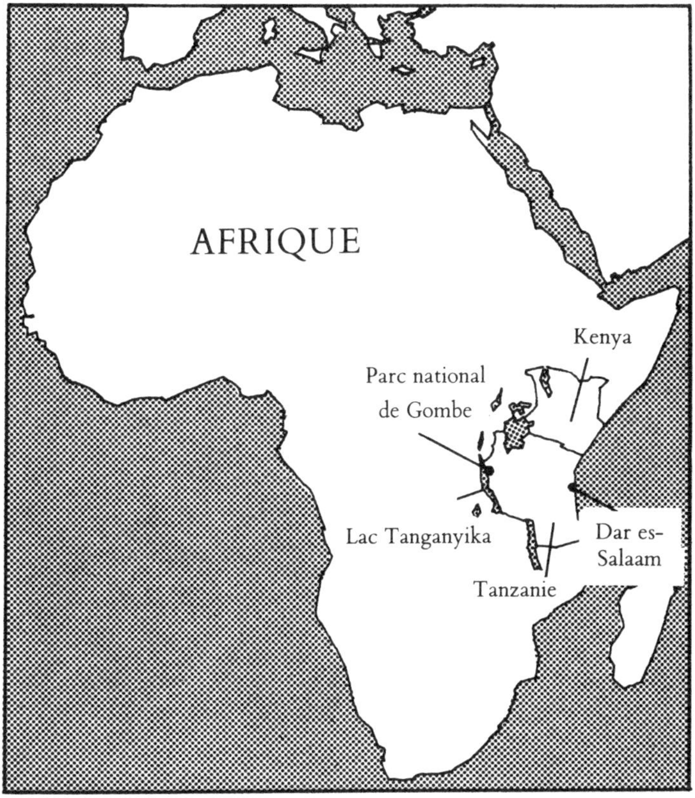
AFRIQUE
Kenya
Parc national
de Gombe
Lac Tanganyika
Dar es-
Salaam
Tanzanie

1.

L'air était presque étouffant. J'étais accroupie et la paille me chatouillait les jambes. Il faisait assez sombre aussi. Mais je pouvais quand même voir la poule sur son nid. Elle était à un mètre cinquante de moi, environ, et ne se doutait absolument pas de ma présence. Le moindre mouvement de ma part, et tout aurait été gâché. Je me tenais donc parfaitement immobile. La poule aussi.

Bientôt, elle se souleva tout doucement. Elle me tournait le dos, et en me penchant en avant je vis un objet rond et blanc qui émergeait peu à peu des plumes entre ses deux pattes. L'objet grossit. Soudain la poule remua son derrière et – plop ! – il atterrit sur la paille : je venais d'assister en direct à la ponte d'un œuf.

Avec des gloussements de victoire, la poule secoua ses plumes, déplaça l'œuf à l'aide de son bec, puis sortit du poulailler en se pavanant.

Malgré mes jambes engourdies, je me précipitai tout excitée hors du poulailler et courus jusqu'à la maison. Maman était sur le point d'appeler la police. Elle m'avait cherchée pendant des heures et n'imaginait pas que j'avais pu passer tout ce temps accroupie dans le poulailler.

Ce fut là ma première observation sérieuse du comportement des animaux. J'avais cinq ans... et beaucoup de chance car ma mère était très compréhensive! Au lieu de se mettre en colère parce que je l'avais effrayée, elle voulut que je lui raconte en détail la merveilleuse chose dont j'avais été témoin.

Malgré mon très jeune âge à cette époque, j'ai beaucoup de souvenirs se rapportant à cette expérience. Je me rappelle ma perplexité au sujet des œufs: sur une poule, où donc se trouvait-il une ouverture assez grande pour laisser sortir un œuf? Je ne sais plus si j'ai posé la question autour de moi. Si oui, personne ne m'a donné de réponse. J'ai donc décidé d'éclaircir ce mystère moi-même. Je me rappelle m'être dit un jour, en voyant une poule entrer dans le poulailler : « Ah, maintenant je vais la suivre, et je vais voir ce qui se passe. » Et je me rappelle aussi la fuite de la poule avec des caquètements d'horreur, lorsqu'elle m'a vue entrer à mon tour. De toute évidence, cette méthode n'était pas la bonne. Il me fallait entrer dans le poulailler la première, et attendre qu'une poule se décide à venir pondre son œuf. C'est la raison pour laquelle je dus rester si longtemps à l'intérieur du poulailler. Il faut être patient si l'on veut apprendre à connaître les animaux.

Une fois adulte, je devins éthologue. Ce mot compliqué désigne simplement un scientifique qui étudie le comportement des animaux. Lorsqu'ils entendent le mot animaux, la plupart des gens pensent aux bêtes à poils comme les chiens, les chats, les lapins, les souris, les chevaux, ou encore les vaches. Mais en fait, le mot animal inclut toutes les créatures vivantes à l'exception des plantes. Les insectes, les oiseaux, les poissons, les grenouilles, les lézards et les méduses sont des animaux tout autant que les chiens et les chats. Seulement, les chiens, les chats, les chevaux sont des mammifères, une catégorie particulière d'animaux. Les humains aussi sont des mammifères.

Vous savez probablement déjà tout cela. Les enfants aujourd'hui en savent beaucoup plus sur ce genre de choses que n'en savaient la plupart des adultes quand j'avais votre âge. Je me rappelle avoir eu une véritable dispute avec l'une de mes tantes, lorsque j'essayai de la convaincre que la baleine était un mammifère et non un poisson. Elle refusa de me croire, et je me mis à pleurer tellement je me sentais frustrée.

La première personne reconnue en tant qu'éthologue est un Autrichien, Konrad Lorenz. On l'appelle souvent le père de l'éthologie. Il a toujours aimé les animaux, quelle que soit leur espèce. Sa maison près de Vienne a accueilli non seulement des chiens, mais aussi toutes sortes d'animaux sauvages. Presque tous ces animaux étaient parfaitement libres d'aller et venir à leur guise.

Konrad Lorenz et ses canards.

Konrad Lorenz est surtout connu pour ses travaux sur les oies cendrées. Il a commencé à en élever et à les étudier en 1935, et jusqu'à sa mort en 1989, il lui est arrivé de faire des observations.

Konrad Lorenz découvrit que les oies adultes, mâle et femelle, sont très fidèles l'une envers l'autre. Elles tombent amoureuses, se marient, et restent ensemble jusqu'à ce que l'une des deux meure. Celle qui reste alors ne se remarie pas. Elle retourne près de sa mère, si cette dernière est encore en vie.

Konrad Lorenz a été « la mère » de nombreuses oies – celles qu'il élevait lorsqu'elles avaient quitté leur œuf. Une fois adultes, ces oies s'en allaient pour rejoindre les oies sauvages. Mais s'il leur arrivait de perdre leur compagne ou compagnon, elles revenaient auprès de Lorenz.

Il découvrit aussi que, lorsqu'ils sortent de leur œuf, les oisons apprennent à suivre le premier objet qu'ils voient se déplacer. D'habitude, il s'agit de leur mère. Mais lorsque Lorenz élevait des oies, c'était lui que les bébés suivaient ! Par la suite, il fit éclore des œufs de canards sauvages et s'aperçut que les canetons, eux, refusaient de le suivre. Mais si ces mêmes canetons étaient couvés par une cane domestique, ils lui emboîtaient le pas dès qu'ils étaient sortis de l'œuf. Que faisait donc la cane domestique que lui, Lorenz, ne faisait pas ? Elle cancanait. Et ses coin-coin sonnaient exactement comme les coin-coin d'un canard sauvage. « Ah ! » se dit Lorenz, « voilà le secret ! »

Mais les scientifiques se doivent de vérifier chacune de leurs théories par des expériences. Ainsi, lorsqu'une nouvelle couvée de petits canetons fut éclose, Lorenz se pencha vers eux, fit coin-coin, et commença à s'éloigner lentement. Et ils se mirent aussitôt à le suivre ! Mais emmener ses canetons en promenade était pour lui très fatigant : s'il se redressait, les dominant alors de toute sa taille, ou s'il arrêtait un instant ses coin-coin, ils cessaient de le suivre et se mettaient à pleurer désespérément.

Un jour, comme Lorenz promenait ses canetons autour de sa maison, quelque chose lui fit soudain lever la tête : des gens du village étaient en train de l'observer par-dessus le grand mur qui bordait le pré. Ils regardaient avec stupéfaction et effroi le professeur qui, vu de leur observatoire, faisait coin-coin tout seul en rampant dans son jardin d'une manière tout à fait étrange.

Les canetons étaient complètement dissimulés par les hautes herbes ! Il était compréhensible que, de ce jour, les gens du pays commencent à prendre le professeur pour un fou !

Les éthologues s'intéressent au mode de vie des animaux, et s'interrogent sur leur comportement. Ils se posent sans cesse des questions : pourquoi un chien tourne-t-il en rond avant de se coucher ? Comment un papillon de nuit mâle arrive-t-il à trouver sa femelle, même si elle se trouve très loin de lui ? Et cetera...

Certains éthologues se posent sans répit des questions au sujet d'une sorte d'animal particulière. Par exemple, Karl von Frisch, un Allemand, était fasciné par les abeilles. Comment une abeille ouvrière, de retour à la ruche après sa collecte, se débrouillait-elle pour indiquer aux autres ouvrières où il fallait se rendre ? Ses consœurs étaient capables de trouver la mine de pollen, même si elle n'y retournait pas avec elles. Il découvrit que l'abeille, à son retour, accomplit une danse tout à fait extraordinaire, qui explique aux autres en détail le chemin à prendre. Elle donne une série de signaux avec ses pattes, ses ailes et également sa queue. Ensuite, Frisch voulut savoir si l'abeille pouvait distinguer les couleurs, puis à quel point son odorat était développé. Plus il trouvait de réponses et plus il se posait de questions.

D'autres éthologues s'intéressent à des comportements particuliers, aux migrations d'oiseaux par exemple, ou aux ruses de certains insectes, qui, pour éviter de se faire manger, imitent des insectes non comestibles ! Ou encore, à la manie qu'ont les rats et les souris d'enterrer la nourriture… Tous les éthologues posent des questions : comment ? pourquoi ? dans quel but ?

Les éthologues peuvent faire leurs études de différentes façons. Lorenz, comme je l'ai dit, prenait chez lui les animaux qu'il voulait observer. Sa femme était sans doute une personne très compréhensive !

D'autres, comme le célèbre Niko Tinbergen, un des premiers éthologues lui aussi, font leurs expériences à l'extérieur, là où vivent les animaux. Tinbergen est très connu pour ses travaux sur les différentes espèces de mouettes. Il se rendait souvent sur les falaises et les bancs de rochers où elles se reproduisent. Il passa des heures et des heures simplement à les regarder et à noter en détail ce qu'elles faisaient. Mais il fit également des expériences, et apprit ainsi des choses extraordinaires. Certains goélands, par exemple, se trouvent tout excités s'ils voient près d'eux un œuf géant. Lorsque Tinbergen plaçait un tel monstre près du nid d'un goéland argenté, celui-ci quittait aussitôt son propre œuf et tentait désespérément (et en vain) de grimper sur le faux œuf pour le couver !

Il y a encore d'autres éthologues qui vont également voir les animaux qu'ils veulent étudier là où ils vivent, mais ne font pas d'expériences. Ils ne font qu'observer. Ils attendent que quelque chose se passe, ils enregistrent tout ce qu'ils entendent et tout ce qu'ils voient. C'est ce que je fais. J'ai commencé à vivre au milieu des chimpanzés et à les étudier en Tanzanie – qui s'appelait Tanganyika lors de mon premier voyage – en 1960. Je les étudie encore aujourd'hui, avec l'aide d'une équipe tanzanienne sur le terrain.

Je dus attendre très longtemps avant de pouvoir m'approcher suffisamment des chimpanzés pour être en mesure de faire de bonnes observations. Au début, ils étaient très timides. Il me fallut encore plus de temps pour pouvoir comprendre leur langage de sons et de gestes, et la manière dont ils vivent dans leur société. Mais cela en valait la peine. Car l'être humain mis à part, le chimpanzé est le plus fascinant de tous les animaux. C'est du moins mon avis.

Mais comment cela a-t-il commencé, vous demandez-vous ? Je vais vous le dire.

2.

Je suis née à Londres le 3 avril 1934, mais très vite mes parents ont emménagé dans une maison à la sortie de la ville. C'est là que nous avons tout d'abord vécu avec Nanny, que j'adorais, et un bull-terrier appelé Peggy.

Mon père était ingénieur et travaillait à Londres. Il se passionnait pour les courses automobiles. Il possédait une superbe voiture qui avait coûté très cher, une Aston Martin dans laquelle il m'emmenait de temps en temps en promenade. Mais je n'en ai pas gardé des souvenirs très précis.

Je venais d'avoir cinq ans (et ma petite sœur Judy dix-huit mois) lorsque nous sommes partis vivre en France. Mes parents voulaient qu'en grandissant Judy et moi, nous puissions apprendre à parler couramment le français. Mais nous n'en

L'auteur à deux ans.

L'auteur, sa mère, son père
et sa sœur Judy.

avons pas eu le temps. Au bout de quelques mois seulement, Hitler commença la série d'invasions qui devait provoquer la deuxième guerre mondiale. Nous n'étions pas en sécurité en France. Notre maison de Londres ayant été vendue, nous avons habité quelque temps dans un ravissant manoir ancien où mon père avait passé son enfance. Ce manoir était en pleine campagne, avec une ferme attenante. Sur ses terres se trouvaient les ruines du château où Henri VIII avait enfermé une de ses femmes. Je me souviens de ces ruines. Elles étaient effrayantes avec leurs murs de pierres grises effondrés couverts de toiles d'araignées. Quelques chauves-souris avaient même élu domicile dans une pièce qui avait en partie conservé son toit.

Notre manoir était très ancien lui aussi. Si on voulait le traverser d'un bout à l'autre, on devait descendre une ou deux marches à un endroit, descendre une petite pente plus loin et ainsi de suite, car tout n'avait pas été construit à la même époque. La pierre grise dont étaient bâtis les murs était fraîche en été et très froide en hiver. Comme dans la plupart des maisons anglaises à cette époque, il n'y avait pas de chauffage central.

Il planait toujours dans le manoir une légère odeur venant des lampes à pétrole que l'on allumait chaque soir – il n'y avait pas d'électricité. Maintenant encore, cinquante ans plus tard, l'odeur des lampes à pétrole me rappelle toujours le manoir.

J'appelais la mère de mon père Danny Nutt*. Elle adorait les oies et il y en avait toujours au moins six qui paissaient dans l'herbe près de la maison. Il y avait également une grande enceinte pour la volaille, avec à l'intérieur cinq poulaillers comme celui dans lequel je me suis cachée. J'aidais régulièrement à nourrir les poules et à ramasser les œufs. C'était pour moi comme une chasse aux œufs de Pâques, car beaucoup de poules préféraient pondre sous les buissons plutôt qu'à l'intérieur des poulaillers.

Autour de la maison, il y avait des prés avec des vaches. A cette époque, on ne les trayait qu'à la main, et j'adorais regarder la fille de laiterie faire gicler le lait blanc dans le seau, tandis que la vache ruminait placidement. Il y avait également dans les prés de lourds chevaux de labour et, de temps en temps, une jument de course venait y paître avec son poulain. Mon oncle Rex, le frère de mon père, s'occupait de chevaux de course. Il possédait une modeste écurie et avait

* *Danny Nutt* : Danny-Fofolle.

aménagé un petit champ à quelques kilomètres du manoir. Un jour, j'avais alors deux ans, on m'autorisa à monter sur l'un de ces chevaux. Il s'appelait Painstaking*. Oncle Rex me montra comment le faire aller vers la gauche ou vers la droite en tirant doucement sur l'une des rênes et je réussis à le diriger toute seule d'un côté et de l'autre d'une ligne d'arbres qui bordait la rue principale du petit village. En fait, ce que je me rappelle surtout, c'est le sentiment de fierté qui m'avait alors envahie.

Dès que l'Angleterre déclara la guerre à l'Allemagne, mon père partit rejoindre l'armée dans sa lutte contre Hitler. Peu de temps après, Nanny se maria, et nous quitta pour habiter avec son mari. C'est alors que maman, Judy et moi sommes allées vivre chez mon autre grand-mère, Danny, aux Bouleaux. Les Bouleaux sont une très jolie maison de briques rouges avec un grand jardin entouré d'une haute haie qui nous coupait de l'extérieur. Elle est située à Bournemouth, à

* *Painstaking*: courageux.

Les Bouleaux.

quelques minutes à pied de la Manche. C'est là que j'ai vécu le reste de mon enfance et mon adolescence.

Nous partagions les Bouleaux avec les deux sœurs de ma mère, Olwen (que nous appelions Ollie) et Audrey. Mon oncle, qui était premier chirurgien dans un grand hôpital de Londres, venait à la maison presque chaque fin de semaine. Pendant la guerre, on demandait à chaque famille qui possédait une maison assez grande d'accueillir des gens qui se trouvaient momentanément sans foyer. C'est ainsi que deux femmes célibataires vinrent vivre avec nous quelque temps.

Lorsque l'Amérique s'est jointe à l'Angleterre dans le combat contre Hitler et les nazis, beaucoup de soldats yankees, comme nous les appelions, sont passés par l'Angleterre avant d'aller sur le front en France, en Belgique ou en Hollande. Certains convois ont stationné à Bournemouth. Des camions et des tanks étaient parqués dans notre petite rue d'ordinaire si tranquille. Les soldats nous offraient du sucre candi et autres douceurs. Beaucoup de choses manquaient alors en Angleterre. Tout était rationné. Il était autorisé par personne un œuf, 50 grammes de sucre et une très petite quantité de lait. Nous, les enfants, héritions presque toujours des rations de lait, de sucre et d'œufs des adultes. Il fallait des bons pour tout, pas seulement pour la nourriture. Il y en avait aussi pour le linge, l'essence, le vin. Et souvent, même si une personne avait des bons, elle ne pouvait pas obtenir de marchandises parce qu'il n'y en avait plus de disponibles. Tout allait en priorité aux soldats, aux pilotes et aux marins qui défendaient notre île.

Des bombes tombèrent sur Bournemouth, mais peu nombreuses. Nous avions un abri anti-aérien, installé dans la maison. C'était une sorte de cage très basse, au toit d'acier, à l'intérieur de laquelle toute la famille rampait, se serrait et attendait, du moment où la sirène retentissait jusqu'au signal tant attendu de fin d'alerte.

Cependant, dans l'ensemble, la guerre ne nous affectait pas tellement, nous les enfants. Au début, nous étions trop jeunes pour comprendre ce qui se passait, et vers la fin, nous étions habitués aux annonces des batailles, des défaites et des victoires.

Durant ces années de guerre, je suis allée dans trois écoles successives – le jardin d'enfants, puis les équivalents de vos écoles primaire et secondaire. Je n'en ai réellement aimé aucune. Ce n'était pas à cause du travail – certaines matières m'intéressaient beaucoup – mais je supportais mal d'être obligée de quitter la maison chaque matin, et de devoir passer mon temps enfermée alors que je mourais d'envie d'être dehors. Chaque jour, j'attendais avec impatience le moment où je pourrais rentrer à la maison et retrouver ma famille. J'attendais aussi avec impatience la fin de la semaine pour aller faire du cheval. Et je comptais les semaines qui me séparaient des vacances, ces jours merveilleux où j'étais délivrée de l'école, du tintement de la cloche et de la discipline. Les jours de classe, je détestais me lever. Maman était souvent obligée de m'appeler plusieurs fois pour me tirer de mon lit. Mais en vacances, c'était différent. Ces jours-là, j'étais toujours debout de bonne heure, surtout lorsqu'il faisait beau. Je montais sur les falaises au milieu des pins et des ajoncs, ou je descendais jusqu'à la mer.

Je passais beaucoup de temps dans notre grand jardin. Il était assez sauvage. Il y avait un hêtre que j'aimais tellement que Danny me l'offrit pour mon dixième anniversaire. J'avais un arbre à moi ! Lorsque j'étais joyeuse, je grimpais haut dans ses branches et je m'y asseyais pour regarder les oiseaux et écouter leurs chansons. Parfois, j'y emportais mes devoirs. J'y grimpais aussi lorsque j'étais triste, pour m'isoler. Souvent, dans ces moments-là, je lisais un livre. C'était un conseil de maman. Elle disait que cela pouvait m'aider à oublier mes ennuis, au moins pendant une heure ou deux, et peut-être qu'après ils ne me sembleraient plus si graves. Ce conseil, je le suis encore aujourd'hui.

En hiver, j'aimais me pelotonner devant le feu avec un livre. Il y a toujours eu beaucoup de livres à la maison. Beaucoup d'entre eux avaient appartenu à ma mère lorsqu'elle était enfant. Nous ne pouvions guère nous permettre d'acheter des livres neufs, mais nous étions abonnés à la bibliothèque locale. Un jour, maman m'apporta « L'histoire du Dr Doolittle » de Hugh Lofting. Je le dévorai d'une seule traite, et le relus aussitôt avec la même passion. Jamais auparavant je n'avais aimé un livre comme ça. Je le lus une troisième fois avant de le rendre à la bibliothèque. (Je terminai les dernières pages à la lampe de poche, enfouie sous les couvertures, après que

L'auteur, Judy et Nanny.

maman m'eut dit bonsoir.) C'était en novembre. Et je n'oublierai jamais que, ce Noël-là, Danny m'offrit le livre rien que pour moi. J'avais neuf ans. Je crois que c'est à ce moment que je me suis juré d'aller en Afrique un jour.

Je lus tous les livres que je pus trouver sur toutes les espèces d'animaux, pas uniquement sur les animaux d'Afrique. J'aimais également les histoires de loups, d'ours, les histoires de gloutons des États-Unis ou du Canada, les histoires de jaguars, d'anacondas et de paresseux d'Amérique du Sud, les histoires d'orangs-outangs, d'éléphants indiens, de tapirs d'Asie, etc... J'ai adoré « Le livre de la jungle » de Rudyard Kipling, avec les aventures de Mowgli. J'ai aussi beaucoup aimé les histoires de Tarzan d'Edgar Rice Burroughs. Mais je n'ai aimé aucun des films qui en ont été tirés. L'image que je m'étais faite du personnage de Tarzan était trop extraordinaire pour qu'un acteur puisse y ressembler.

Ces animaux qui m'étaient décrits me semblaient merveilleux, mais je savais qu'il m'était impossible de les voir, du moins pour l'instant. Il n'y avait même pas un seul zoo aux alentours. Et puis de toute façon, je voulais voir des animaux sauvages, pas des animaux en cage. Alors, tout en continuant de lire des ouvrages sur ces animaux lointains, je me mis à observer les créatures sauvages qui vivaient autour de la maison – les écureuils, les oiseaux et toutes sortes d'insectes. Je fondai un club de la nature – le club Alligator – qui comprenait quatre membres : ma sœur et moi, plus les enfants Cary qui venaient à la maison presque à chaque congé. Sally avait mon âge, et Sue l'âge de Judy. J'étais le chef du club, et choisis de m'appeler Vulcain* ; Sally était Macareux, Sue, Coccinelle, et Judy, Truite.

Nous avions installé notre camp dans un coin caché du jardin, entouré de buissons. Nous pouvions y allumer un petit feu, et faire bouillir de l'eau dans une boîte de conserve posée en équilibre sur des pierres. Dans un vieux tronc d'arbre, nous avions dissimulé quatre bols, une petite provision de thé et de cacao, et une cuillère. Parfois nous organisions des « fêtes » dans notre camp, avec de petits restes que nous avions pu

* *Vulcain :* sorte de papillon.

sauver de nos repas. Comme c'était la guerre, nos festins se limitaient souvent à quelques croûtes de pain, occasionnellement accompagnées d'un biscuit. Mais c'était amusant, surtout lorsque nous nous glissions dans le jardin à minuit, en partie pour nous faire peur, et en partie parce que c'était strictement défendu.

Nous faisions beaucoup de promenades dans la nature, et à chaque fois, nous notions nos observations; du moins moi, je le faisais. Je trouvais toujours des livres à la maison qui pouvaient me renseigner sur les noms des différents oiseaux ou insectes que nous avions trouvés.

Chacune de nous possédait deux escargots «de course» avec un numéro peint sur la coquille. Nous les gardions dans une vieille boîte en bois sans fond, avec un morceau de verre en guise de couvercle, ce qui nous permettait de déplacer leur maison dans le jardin chaque fois qu'ils avaient fini de manger les herbes qui y poussaient. Nous les nourrissions également de feuilles de laitue et autres douceurs. Nous placions nos sportifs bien en rang et faisions des paris sur celui qui – selon chacune – atteindrait le premier le bout d'une piste de deux mètres de long. Nous utilisions des brindilles pour empêcher les coureurs d'aller de travers, mais il fallait que ces brindilles soient douces, et nous n'avions le droit de toucher les cornes des escargots que sur le côté et non aux extrémités sensibles, là où se trouvent leurs yeux.

Un été, nous avions fait un musée dans la serre. Nous avions une collection de fleurs séchées et beaucoup de coquillages, qui ne provenaient pas uniquement de la plage de Bournemouth. Nous avions également quelques coquillages exotiques que mon aventurier d'arrière-grand-père avait ramenés de ses voyages en Australie et autres contrées. Chaque pièce était soigneusement étiquetée. Oncle Éric nous autorisa à exposer un squelette humain qu'il avait conservé de ses études de médecine. C'était bien entendu la pièce la plus prestigieuse de notre collection.

Sally et moi avions fait sortir Judy et Sue – que nous appelions «les petites» – dans la rue pour proposer aux passants de venir voir notre musée. Il était ensuite demandé aux visiteurs d'offrir une petite contribution à la société pour la protection des vieux chevaux – ils étaient sauvés de la boucherie et envoyés à la ferme du Cerisier où ils paissaient tranquillement jusqu'à la fin de leurs jours.

Quand les Cary rentraient chez eux à la fin des vacances, je me mettais à écrire le journal illustré du club Alligator. Il comportait beaucoup de notes sur la nature, des dessins d'anatomie d'insectes, et autres choses de ce genre. Les autres membres étaient supposés y apporter leur concours et faire des commentaires ou suggestions – mais ils ne s'en occupaient presque jamais.

Tous les samedis en période de classe et au moins deux fois par semaine pendant les vacances, j'allais à un manège de chevaux. Nous ne pouvions pas nous permettre de payer des leçons chaque semaine, mais cela m'importait peu. J'aimais simplement me trouver là, près des chevaux et des poneys, et apprendre à les soigner. Une seule chose me déplaisait, c'était l'interminable nettoyage de la sellerie – les selles et les brides. Elles devaient être lavées chaque jour sans exception, puis frottées avec un produit spécial. Miss Bush, la propriétaire de l'écurie, était intransigeante sur le nettoyage de la sellerie, et nous devions nous y mettre même après les plus longues et les plus fatigantes journées.

J'étais folle de joie si j'étais invitée, pendant les vacances, à rester avec Poosh, l'assistant de Miss Bush. Nous nous réveillions avant le lever du jour et descendions à la cuisine toute chaude où la mère de Poosh, une Écossaise rondouillette, avait déjà commencé à préparer le petit déjeuner. Nous prenions du thé très chaud avec une sorte de sablés. Puis nous sortions aux premières lueurs de l'aube, pour attraper les poneys dans les prés où ils paissaient pendant la nuit. Nous les montions à cru, avec juste un licou, jusqu'à l'écurie. Il m'est souvent arrivé de conduire jusqu'à cinq poneys à la fois, un de chaque côté et deux derrière moi, au bout d'une longue corde. Ensuite je les pansais, je donnais à chacun une ration de foin, et je préparais la sellerie pour leur première sortie.

Par la suite, on me confia la tâche d'accompagner des clients en promenade. J'étais ravie, car c'étaient avant tout pour moi des promenades gratuites ! Lorsque j'eus quatorze ans, Poosh m'autorisa à monter sa jument, Quince, dans des exhibitions. Ces jours-là, je me levais encore plus tôt ; tout excitée, je pansais Quince jusqu'à ce qu'elle brille, je tressais sa crinière et sa queue, huilais ses sabots, puis je faisais le voyage avec elle dans la remorque à chevaux. Je ne crois pas que nous ayons jamais remporté quoi que ce soit, mais nous sommes parfois arrivées troisièmes ou quatrièmes dans les courses d'obstacles. Et de toute façon, pour moi, c'étaient toujours des moments exaltants.

Un jour, j'ai participé à une chasse au renard. Je n'avais jamais songé auparavant à ce que cela pouvait signifier. Je m'étais seulement représenté avec enthousiasme les grandes haies qu'il me faudrait sauter, le défi d'essayer de rester dans la foulée des meilleurs cavaliers, le son du cor de chasse… Je n'avais pas songé au renard. Je réussis à rester près des meilleurs cavaliers, assez près pour voir le renard extirpé de sa tanière où il avait fini par trouver refuge, du moins le pensait-il, et pour voir le chasseur jeter la pauvre créature épuisée à la meute de chiens pour qu'ils la déchirent. J'ai commencé à me sentir malade. Tout mon enthousiasme s'était envolé. Je ne suis jamais retournée chasser.

Lorsque je me rappelle mon enfance, je songe d'abord et surtout à Rusty. Il n'y aura plus jamais de chien comme Rusty dans ma vie. Il n'était même pas notre chien – ses propriétaires tenaient un hôtel près de chez nous. Je l'ai rencontré à l'époque où je promenais régulièrement un magnifique colley nommé Budleigh pour une dame qui tenait une confiserie. Je savais qu'elle ne pouvait pas lui faire faire autant d'exercice qu'il en avait besoin, et j'allais donc courir à la plage avec lui presque chaque jour. Rusty se mit à nous suivre.

Rusty

J'essayais d'apprendre à « Buds » quelques tours, comme faire le beau pour demander un biscuit, ou rester assis avec un biscuit sur le nez jusqu'à ce que je dise « O.K. » – il avait alors le droit de baisser le museau et de manger le biscuit tombé à terre. Un jour, alors que j'essayais d'apprendre à Buds à donner la patte, Rusty me tendit soudain la sienne. Bien entendu, je le récompensai par de vives effusions. Il ne m'avait jamais semblé très intelligent auparavant. Mais après cet épisode, je me mis à le dresser *lui*. En trois leçons seulement, il apprit le tour du biscuit sur le museau – mais au lieu de baisser le museau quand je disais « O.K. », il donnait un petit coup de tête vers le haut pour envoyer en l'air sa récompense, et l'attrapait au vol avant qu'elle ne retombe.

Rusty réussissait tout ce que j'essayais de lui apprendre. Il se couchait et faisait le mort sur commande, puis attendait, impassible, même si je disparaissais pendant plus de dix minutes. Il était capable de grimper sur une grande échelle d'ouvrier – je m'en aperçus parce qu'un jour il se mit à me suivre tandis que je grimpais, et un moment plus tard, il montait tout seul, à ma demande. Il pouvait sauter n'importe quel obstacle. Il était même capable de sauter à travers un cerceau. Je ne le punissais jamais s'il faisait mal quelque chose, mais je le récompensais par de grandes caresses lorsqu'il réussissait, et cela suffisait à l'encourager. Je ne le récompensais que très rarement avec de la nourriture. D'ailleurs, je ne le nourrissais presque jamais. Il dormait toujours chez ses propriétaires. Mais dès qu'ils le laissaient sortir le matin – vers six heures et demie – il venait aboyer à notre porte. Il retour-

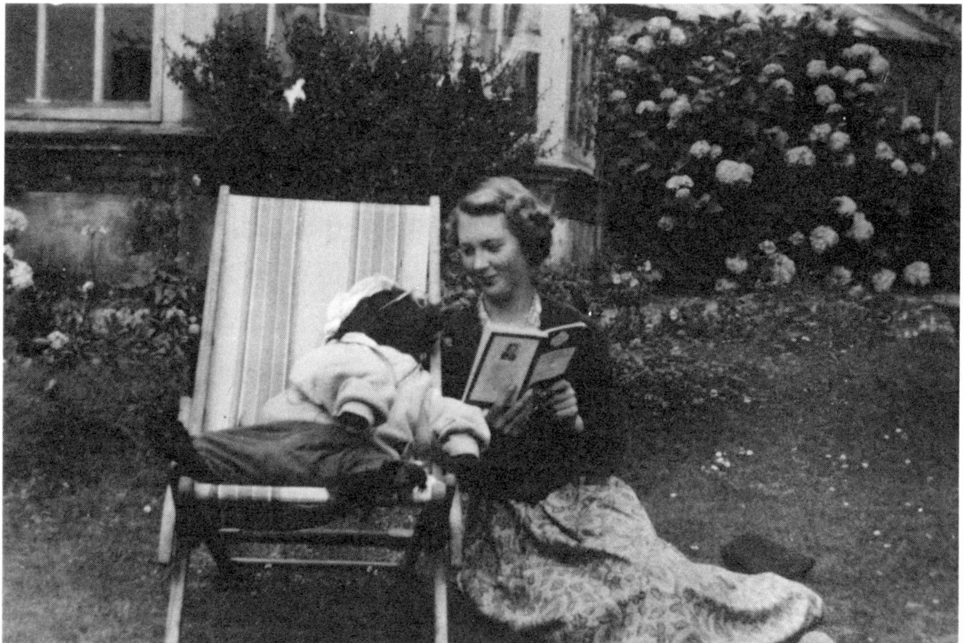

Rusty aimait qu'on l'habille.

nait chez lui pour son repas du soir, puis revenait finir la soirée avec nous. Nous avions demandé aux propriétaires si cela les ennuyait, mais cela leur était égal.

Rusty avait une particularité qui le différenciait des autres chiens : il adorait qu'on l'habille. Lorsque je mettais des vêtements à Rusty, il se faisait souple et docile comme une poupée de chiffon – s'il avait réagi autrement, je n'aurais pas poussé plus loin l'expérience. Parfois, je lui mettais un pyjama et je le promenais autour de la maison dans un vieux landau. Mais il était très important que personne ne se moque de lui. Il le sentait immédiatement, et comme il avait horreur de ça, il bondissait hors du landau et s'enfuyait en traînant les habits derrière lui.

Rusty m'a fait comprendre énormément de choses sur le comportement animal. Il m'a donné des leçons que je n'ai jamais oubliées. C'est lui qui m'a appris que les chiens étaient capables de raisonnement. Par exemple, si je jetais une balle par une fenêtre de l'étage, il commençait par regarder où elle avait atterri, ensuite il aboyait pour que je lui ouvre la porte, se précipitait au rez-de-chaussée, aboyait pour que j'ouvre la porte qui donnait sur le jardin, et enfin allait chercher la balle. Il était également capable de prévoir : quand il faisait très chaud, il quittait la rue et se dirigeait vers la mer où il allait prendre un bain, puis il revenait, tout frais et humide.

Rusty est également le seul chien que j'ai connu qui semblait avoir un sens de la justice. S'il faisait quelque chose qu'il *savait* être mal (c'est-à-dire si je lui avais appris auparavant que c'était mal), il faisait des excuses, des excuses comme en font les chiens, en se roulant sur le dos et en découvrant les dents. Mais si je me fâchais pour quelque chose qui lui semblait correct, il boudait. Par exemple, je lui avais appris à fermer la porte en se dressant sur ses pattes de derrière. Un jour, il ferma la porte avec des pattes toutes humides et boueuses et sans que je le lui aie demandé – en fait, il réclamait mon attention. « Oh, Rusty ! Vilain chien ! » me suis-je exclamée. Rusty m'a regardée, puis est allé s'asseoir face au mur, me tournant le dos, et n'a pas bougé, même lorsque j'ai crié « Promenade ! » Il a fallu que je m'agenouille près de lui et que je lui demande pardon pour qu'il consente à quitter sa place et à redevenir, petit à petit, amical. Il s'est comporté ainsi quatre fois, et dans des circonstances totalement différentes.

Si je détestais la fin des vacances, c'était aussi parce qu'il me fallait quitter Rusty chaque matin lorsque je partais pour l'école.

Je travaillais bien à l'école, surtout dans les matières qui m'intéressaient, comme l'anglais, l'histoire, l'histoire sainte, et les sciences naturelles bien entendu. Les maths et les langues me paraissaient plus difficiles et me demandaient donc davantage de travail. J'étais en général seconde ou troisième de la classe. Il y avait dans ma classe une fille très calée – mon collège n'était pas mixte – qui était toujours première. Ma meilleure amie, Marie-Claude Mange, surnommée Clo, était soit seconde juste au-dessus de moi, soit troisième juste au-dessous. Pour mes deux dernières années de lycée, je choisis une option un peu inhabituelle : sciences naturelles - anglais - histoire. Comme ces matières avaient toujours été mes préférées, ces dernières années me laissèrent un meilleur souvenir que les précédentes.

J'eus de bons résultats à mon examen final (équivalent du baccalauréat). Ma scolarité avait pris fin. Qu'allais-je faire ensuite ? Tout ce que je désirais, c'était observer les animaux et écrire sur les animaux. Mais comment commencer ? Et comment en vivre ?

3.

Mon examen terminé, je suis tout d'abord partie pour quatre mois dans une famille en Allemagne. Ma mère pensait qu'il était important que je connaisse le pays qui avait auparavant été notre ennemi. Elle voulait que je réalise qu'Allemagne ne signifiait pas nazisme.

Malheureusement, je n'ai pas beaucoup apprécié mon séjour. La région d'Allemagne où je me trouvais était morne, sans relief et exposée à un vent très froid. Mon meilleur souvenir reste mes promenades avec Helga, la fille la plus jeune de la maison. Nous allions rendre visite aux fermes voisines, manger des tartines de pain noir dans les cuisines, j'appris même à porter des sabots. Je me rappelle aussi les balades au petit matin dans les champs plats au sol gelé, où je voyais des lièvres s'enfuir en bondissant.

J'étais également supposée apprendre l'allemand. Mais la famille qui m'accueillait était si enthousiaste à l'idée de parfaire son anglais qu'on ne m'adressait presque jamais la parole en allemand. De plus, j'étais, comme je vous l'ai déjà dit, plutôt mauvaise en langues, et je ne réussis qu'à acquérir des connaissances très superficielles.

Il y a cependant une chose que je n'ai jamais oubliée. Je suis allée visiter la ville de Cologne. Comme tant d'autres villes allemandes, elle avait subi de terribles bombardements des forces alliées durant la guerre. Mais dans cette ville en ruines se dressait, presque intacte au milieu des décombres, la flèche de la cathédrale. C'était pour moi comme un message de Dieu nous disant que, si puissant le mal puisse sembler, à la fin le bien serait vainqueur. Toute mon enfance, je suis allée à l'église, pas tous les dimanches mais très souvent.

Voir la flèche de la cathédrale de Cologne ce

jour-là a signifié pour moi plus que tous les sermons que j'ai entendus.

A mon retour d'Allemagne, je suis entrée dans une école de secrétariat à Londres. Maman disait qu'une secrétaire pouvait trouver du travail quand elle le voulait, n'importe où dans le monde. J'appris donc la sténographie, la dactylographie et quelques rudiments de comptabilité.

J'étais très contente d'habiter Londres, de pouvoir visiter des galeries d'art, aller à des concerts... Je n'ai pas appris à jouer d'un instrument mais j'ai toujours aimé écouter de la musique classique. Bien sûr, comme je n'avais pas beaucoup d'argent, je ne me déplaçais qu'à pied, et achetais les places les moins chères.

Je connus assez vite un bon nombre de gens. Des amis m'invitaient parfois au théâtre, ou à dîner. Je n'avais jamais eu le temps de fréquenter des garçons auparavant. J'étais bien trop occupée par les chevaux, par mes promenades dans la campagne et par Rusty. C'était une vie très nouvelle pour moi.

Quand j'ai eu mon diplôme de secrétaire, je suis retournée à la maison pour quelque temps et j'ai trouvé un travail à la clinique d'Olly. Olly était physiothérapeute spécialiste des enfants, et possédait une clinique. Sa clientèle s'étendait sur toute la région de Bournemouth. Plusieurs fois par semaine, différents docteurs venaient à la clinique examiner leurs patients et j'étais chargée de taper leurs lettres et leurs rapports.

Olly soignait des enfants atteints de toutes sortes de maladies ou d'anomalies. Il y avait des nourrissons avec des pieds bots, des enfants dont les membres étaient paralysés par la polio, des adolescents condamnés par une dystrophie musculaire progressive. Certains enfants ne pouvaient pas marcher et devraient passer le reste de leur vie dans un fauteuil roulant. D'autres ne pouvaient se déplacer qu'avec de lourdes prothèses de fer ou avec des béquilles. Il y avait aussi des enfants atteints de paralysie spasmodique qui ne pourraient jamais être véritablement indépendants, et un petit garçon athétosique – c'est-à-dire dont le cerveau a été endommagé lors de la naissance. Ces enfants ne peuvent pas contrôler correctement leurs muscles, leurs bras et leurs jambes s'agitent violemment, ainsi que les traits de leur visage lorsqu'ils essaient de parler. La plupart du temps, il est très difficile de comprendre ce que ces enfants veulent dire.

Olly m'a raconté une très belle histoire un jour.

Il faut tout d'abord savoir qu'autrefois les gens pensaient que les enfants athétosiques étaient fous, et ceux-ci étaient presque toujours gardés dans des maisons psychiatriques. Un couple avait une petite fille athétosique, mais ils ne voulaient pas qu'elle soit enfermée dans une de ces maisons de fous. Comme ils étaient riches, ils payèrent le service pour enfants d'un grand hôpital pour la garder. Cependant, personne ne prenait vraiment le temps de s'occuper d'elle. Un jour, un célèbre médecin se rendit dans le service pour le visiter. Il fit une plaisanterie qui était plutôt une plaisanterie d'adultes. Aucun enfant ne rit car ils ne l'avaient pas comprise. Mais soudain, le regard du docteur se posa sur la petite fille «folle» et il vit que ses yeux pétillaient d'amusement. Il sut aussitôt qu'*elle* avait compris. Il en fut stupéfait. Il l'emmena chez lui et lui donna des leçons particulières. Elle était si intelligente que non seulement elle apprit à parler, mais fut bientôt capable de passer tous les examens scolaires. Maintenant, on sait que les athétosiques sont presque toujours étonnamment doués.

J'ai appris énormément de choses à la clinique. Depuis ce temps-là, chaque fois que j'ai eu des problèmes dans ma vie, je me suis rappelé quelle chance j'avais d'être en bonne santé. J'en ai remercié Dieu et je me suis senti plus de courage pour vaincre mes difficultés ou sortir de ma tristesse. Et je me suis toujours sentie particulièrement proche de ceux qui sont handicapés ou infirmes.

J'ai travaillé à la clinique pendant six mois, puis j'ai trouvé un emploi à Oxford. J'avais pensé aller étudier à la célèbre université, mais c'était au-dessus de nos moyens, à moins que je ne réussisse à obtenir une bourse d'enseignement supérieur. Or, pour obtenir cette bourse, il fallait parler au moins une langue étrangère, et comme vous le savez, je n'avais que de maigres notions dans ce domaine. Alors je me suis dit qu'un travail tout près de l'université, cela n'était déjà pas si mal ! Le travail en question était très ennuyeux – je travaillais dans les bâtiments administratifs, à la section des archives. Mais j'étais logée au même endroit que quelques étudiants d'Oxford, lesquels m'ont fait rencontrer beaucoup d'autres étudiants. Je me suis beaucoup amusée. C'était presque comme si je menais une vie d'étudiante moi-même, mais sans le travail !

Cependant, ce que j'aimais surtout à Oxford, c'étaient les promenades sur la Tamise. Tôt le matin, ou tard dans la soirée, je prenais une barque et je ramais en silence sur le fleuve. J'arrivais toujours à voir des poules d'eau, des martins-pêcheurs et des cygnes. Les cygnes étaient un peu effrayants. Ces oiseaux deviennent souvent agressifs lorsqu'ils viennent d'avoir une couvée. J'ai connu un homme qui avait eu une jambe brisée par un cygne femelle qui, pensant qu'il en voulait à ses petits, l'avait attaqué.

J'ai également appris à conduire un bateau à la perche, ce qui est beaucoup plus difficile que de ramer. Il s'agit de déplacer un bateau à fond plat à l'aide d'une longue perche. On commence par pousser très fort sur la perche, puis on la hisse hors de l'eau en manœuvrant une main par-dessus l'autre, et ainsi de suite. A chaque poussée, le bateau avance, mais il est très difficile de le faire aller dans la direction voulue ! Le second problème, c'est lorsqu'on a poussé la perche trop profondément et qu'elle reste ancrée dans la vase. On voit souvent des débutants soit abandonner leur perche derrière eux, soit s'y accrocher si désespérément qu'ils se retrouvent écartelés entre la perche et le bateau et finissent par tomber à l'eau. Mes premiers essais se sont souvent terminés par des plongeons !

Je suis allée à deux des célèbres bals de mai à

Oxford. Ma première robe de bal était en tulle blanc, parsemé de plumes de cygne gris pâle, dont chacune était retenue par une paillette. Elle

L'auteur et son père, Mortimer Goodall. Elle est vêtue de sa robe de bal.

était très chère à l'origine, mais comme elle avait été portée par un modèle dans des défilés de mode, j'avais pu l'acheter à prix réduit. J'avais l'impression d'être une princesse dans cette robe.

Je me rappelle une autre robe, une magnifique

en dentelle rouge vif. Je suis sûre que maman s'était pendant longtemps privée de cinéma et de bien d'autres choses pour pouvoir me l'offrir. J'avais besoin d'une belle robe, car je devais être présentée à la reine Elisabeth par l'entremise de mon oncle Michael et de ma tante Joan. Il me fallut d'abord apprendre à faire la révérence. Une vieille dame aussi drôle que sympathique me donna quelques leçons. Elle me conseilla de m'entraîner sans relâche, en portant toujours un objet en équilibre sur la tête. Lorsque le grand jour arriva, j'étais parfaitement au point.

Après une année à Oxford, je suis retournée à Londres, où j'avais trouvé un emploi absolument passionnant, dans un studio de cinéma qui faisait des films documentaires. Ils étaient spécialisés dans les films médicaux, mais faisaient aussi parfois des reportages sur des courses automobiles, ainsi que quelques publicités. Mon travail consistait à choisir une musique pour chaque film, mais j'appris également à réaliser un montage, à faire des bandes sonores, des mixages et toutes sortes de choses qui font partie de la réalisation d'un film.

Je logeais dans l'appartement de mon père. Mes parents avaient divorcé mais ils étaient restés amis, et cette année à Londres fut pour moi une chance d'apprendre à mieux connaître mon père.

Et mon rêve d'aller en Afrique ? M'était-il sorti de l'esprit ? Absolument pas. Je passais des heures à déambuler dans le musée d'histoire naturelle, et je continuais à lire des livres sur les animaux, surtout sur les animaux d'Afrique. J'adorais mon travail au studio mais je le considérais comme un passe-temps, une étape... Je guettais ma chance.

Cette chance arriva un mercredi matin : je reçus une lettre de mon amie d'école, Clo. Je l'avais presque oubliée, nous nous étions perdues de vue ces dernières années. Elle m'écrivait pour m'inviter à lui rendre visite... au Kenya où ses parents venaient d'acheter une ferme ! Kenya, Afrique ! Il n'était pas question que je laisse passer l'occasion !

Mais pour commencer, il fallait que je me procure de l'argent. Si mon travail au studio était passionnant, il ne me rapportait pas grand-chose. J'ai donc donné ma démission et je suis revenue à Bournemouth. Là, je n'ai pas tardé à trouver un emploi de serveuse dans un grand hôtel un peu démodé, à deux pas des Bouleaux.

Peut-être pensez-vous que le métier de serveur ou serveuse n'est pas bien sorcier. C'était aussi mon opinion, mais j'ai très vite réalisé à quel point je me trompais. Il me fallut apprendre toute une technique pour devenir une serveuse compétente. J'appris à soulever adroitement une tranche de viande ou à servir des légumes à l'aide d'une cuillère et d'une fourchette délicatement manipulées d'une main, tandis que je tenais le plat de l'autre. Je devins particulièrement habile dans l'art de transporter plusieurs assiettes à la fois sans plateau. Mon record a été de treize assiettes qui contenaient chacune des filets de poisson !

Chaque fin de semaine, je mettais mon salaire

et mes primes sous le tapis du salon. Un soir, après quatre mois de travail, toute la famille s'est rassemblée dans la pièce. Nous avons tiré les rideaux et compté mes économies dans une ambiance pleine de suspense. En ajoutant les petites économies qui me restaient de mon séjour à Londres, j'avais à présent assez d'argent pour payer mon billet pour l'Afrique !

4.

C'est sur un paquebot, le « Château du Kenya », que je fis mon premier voyage en Afrique. J'avais vingt-trois ans. Je me souviendrai toute ma vie de ce voyage.

Nous sommes descendus le long de la côte ouest de l'Afrique, en faisant escale aux îles Canaries – bien sûr, j'ai tout de suite pensé aux aventures du Dr Doolittle avec les pirates, mais rien de si excitant ne nous est arrivé ! Ensuite nous avons contourné le cap de Bonne Espérance, fait escale au Cap, à Durban et enfin à Beira. J'aurais voulu que ce voyage ne finisse jamais. J'aimais rester des heures sur le pont, à regarder la mer. J'ai souvent eu la chance de voir des dauphins, des requins et des poissons volants.

J'aimais surtout lorsque la mer était un peu houleuse et que la plupart des passagers restaient dans leur cabine. Je n'ai jamais eu le mal de mer, une chance. J'ai trouvé les villes sud-africaines du Cap et de Durban très belles. Mais j'étais révoltée par la pratique de l'apartheid – la séparation légale des Noirs et des Blancs. C'était terrible de voir marqué sur les sièges aux arrêts de bus: «Slegs Blancs», «réservé aux Blancs» en afrikaans. On trouvait les mêmes pancartes sur les plages, à l'entrée des restaurants, presque partout.

Vingt et un jours après notre départ de Londres, nous sommes entrés dans le port de Mombasa, au Kenya. J'étais arrivée. Je n'avais aucune idée de ce que serait la suite du voyage, mais j'étais sûre qu'il serait passionnant.

Je pris le train jusqu'à Nairobi, la capitale du Kenya, le trajet durait deux jours, et cela me permit de voir une partie du pays et même, à distance, quelques animaux sauvages, mais aucun ne me semblait réel. J'avais l'impression de voir un paysage au cinéma.

Clo m'accueillit à la gare de Nairobi. Sur le chemin qui nous menait à la ferme, je vis pour la première fois une girafe de près. Elle se dressait, superbe, toute en longueur, sur la route poussiéreuse. Elle était très près de nous et pencha son cou immense dans notre direction. Ses beaux yeux sombres étaient bordés de longs cils. Elle mâchait tranquillement des épines d'acacia et je pus voir que sa langue était presque noire. Elle finit par se détourner et s'éloigner au petit galop. Elle donnait l'impression de courir au ralenti. C'est en voyant cet animal extraordinaire que j'eus enfin conscience que j'étais arrivée dans l'Afrique de mes rêves, l'Afrique du Dr Doolittle et de Tarzan.

J'ai passé trois semaines merveilleuses à la ferme de Clo, dans une région du Kenya appelée le Kinankop ou les Hauts Plateaux. Puis je suis allée à Nairobi pour commencer mon travail temporaire. Je n'ai aucune complaisance pour les gens qui débarquent chez des amis et y restent tranquillement des jours et des jours, profitant de leur hospitalité en vrais parasites. Je m'étais donc arrangée avant mon départ d'Angleterre, avec une grande compagnie qui avait une filiale au Kenya. L'emploi que j'avais trouvé n'avait rien de passionnant, mais il me permettait d'être indépendante, en attendant de trouver un moyen de travailler d'une manière ou d'une autre avec des animaux.

Au bout de deux mois, j'ai rencontré la personne grâce à qui mes rêves se sont réalisés. « Si vous vous intéressez aux animaux », me dit un jour quelqu'un, « il faut que vous rencontriez Louis Leakey. » Louis Leakey était anthropologue et paléontologue. Il s'intéressait aux hommes et aux animaux préhistoriques. Je pris rendez-vous avec lui et me rendis à son bureau : une grande pièce en désordre où étaient entreposés pêle-mêle des papiers, des dossiers, des os fossilisés, des dents, des outils en pierre et toutes sortes d'autres objets. Il y avait même une grande cage dans laquelle vivaient une petite souris et ses six bébés.

Chance incroyable, Louis me proposa immédiatement un emploi, car sa secrétaire venait de partir. Mais je crois qu'il se serait de toute façon débrouillé pour m'employer, car mes connaissances sur les animaux d'Afrique et mon enthousiasme l'avaient impressionné.

Il me fit visiter le parc national de Nairobi. C'était un guide merveilleux, car il racontait des histoires fascinantes sur les animaux qu'il avait observés depuis plusieurs années de vie au Kenya. Son père missionnaire l'avait laissé grandir au milieu des Kikuyu, Louis en savait donc probablement plus qu'aucun homme blanc sur cette tribu. Quand il eut deux ans, on le sortit de chez lui dans son couffin, et tous les aînés de la tribu défilèrent devant lui pour lui donner leur bénédiction : pour cela, chacun d'eux lui cracha dessus ! Plus tard, à l'adolescence, il passa par les rites d'initiation tout comme les garçons kikuyu avec lesquels il avait grandi.

Avant que je commence mon travail au musée, Louis et sa femme m'emmenèrent en expédition, ainsi que Gillian, une autre employée du musée. Le but de cette expédition était les gorges d'Olduvai dans le Tanganyika.

Ce fut l'une des aventures les plus passionnantes de ma vie.

Bien que les gorges d'Olduvai soient maintenant célèbres, elles n'étaient connues que d'une minorité de Blancs en 1957.

Aucune route n'y conduisait, pas même une piste. Lorsque nous avons quitté la piste qui menait du cratère de Ngorongoro à Seronera – piste qui est devenue depuis une superbe route traversant les plaines de Serengeti – Gillian et moi avons dû nous installer sur le toit de la Land Rover pour chercher du regard les marques à moitié effacées qu'avaient laissées les Leakey l'année précédente. (Ils y passaient trois ou quatre mois chaque été, à la recherche de fossiles.) Ils savaient énormément de choses sur les créatures préhistoriques qui avaient peuplé la région de Serengeti. Ils avaient la certitude que les premiers hommes avaient également vécu là, car ils avaient trouvé de nombreux outils de pierre rudimentaires. Mais pour l'instant aucun squelette n'avait été découvert.

Après un long voyage au cours duquel nous nous étions arrêtés deux fois pour camper, nous sommes arrivés aux gorges. Là, à l'ombre de quelques acacias, nous avons monté les tentes qui allaient nous servir de maison pendant trois mois. Un peu plus tard est arrivé le camion qui transportait le gros matériel ainsi que l'équipe africaine qui devait nous aider à creuser.

Il faisait presque nuit lorsque toutes les tentes furent montées. Une fois le camion vide, Louis et Mary s'y installèrent. Ils y mirent leurs deux lits et quelques boîtes et cartons en guise de tables et de placards.

Comme nous étions assis autour du feu ce soir-là, en train de prendre un repas sommaire, j'entendis le rugissement lointain d'un lion. Et plus tard, couchée sur mon lit de camp, j'entendis des cris étranges et haut perchés. J'appris plus tard qu'il s'agissait du fameux «ricanement» des hyènes se chamaillant autour d'une proie.

L'auteur à Olduvai. Louis Leakey est à gauche.

Jamais je ne m'étais sentie aussi heureuse. J'étais là, à des kilomètres et des kilomètres de toute habitation humaine, dans la nuit de l'Afrique sauvage, entourée d'animaux, des animaux en liberté... C'était ce dont j'avais toujours rêvé.

Creuser un sol aride sous le chaud soleil tropical est un travail extrêmement dur. Les hommes de l'équipe africaine préparèrent le terrain à l'aide de pelles et de pioches, en enlevant la couche supérieure. Lorsqu'ils arrivèrent près de la couche de fossiles, Mary insista pour finir elle-même de dégager le sol. Si un fossile important venait à être brisé par une pioche, il valait mieux que ce soit par sa faute à elle. J'étais de constitution robuste, et lui offris de l'aider. Nous nous sommes donc mises gaiement à manier les lourds outils, en transpirant à grosses gouttes.

Arrivées au «lit» de fossiles, nous avons commencé à entamer le sol toujours très dur à l'aide de couteaux de chasse. Chaque fois que l'un de nous avait trouvé un os, nous le dégagions délicatement avec des outils en forme de cure-dents pareils à ceux qu'utilisent les dentistes. Le nettoyage de l'objet était effectué au retour à Nairobi.

Je me souviendrai toujours de la première fois que j'ai tenu dans ma main un os d'une créature qui avait vécu sur terre des millions d'années avant moi. Je l'avais déterré moi-même. Un sentiment de respect mêlé de crainte m'envahit peu à peu. Je pensai : « Un jour, cette créature s'est tenue là. Elle était vivante, elle avait une chair, des os, elle avait sa propre odeur. Elle pouvait sentir la faim, la soif, la douleur, elle pouvait goûter les premiers rayons du soleil... »

Chaque après-midi, nous nous réunissions pendant une heure à l'abri du soleil sous un toit de paille. Là, toutes les découvertes du matin étaient rassemblées, numérotées, puis soigneusement emballées et rangées.

Deux ans plus tard, les Leakey découvrirent le crâne d'une créature simiesque, qui devint célèbre sous le nom de George. On le surnomma également « l'homme casse-noisette », parce que ses dents étaient très grandes et ses mâchoires larges et puissantes. Son nom officiel est *Australopithecus robustus*.

Avant que ce crâne ne soit déterré, aucun reste de créature proche de l'homme n'avait été découvert à Olduvai, bien que les chercheurs aient trouvé de nombreuses preuves attestant la présence autrefois d'hommes préhistoriques dans cette région. J'ai moi-même trouvé d'antiques outils de pierre, extrêmement rudimentaires, qui avaient probablement été utilisés comme marteaux. George donna enfin à Louis et Mary une petite idée de ce à quoi «l'homme au marteau» avait dû ressembler.

Je suis très heureuse d'avoir connu Olduvai avant cette célèbre découverte. C'était alors un endroit totalement isolé et sauvage. Chaque jour, lorsque le travail était terminé, nous étions autorisées, Gillian et moi, à aller nous promener seules. Un jour, nous avons failli nous heurter à un gros rhinocéros noir. Ces animaux ont la vue très courte. Il comprit qu'il avait devant lui quelque chose de bizarre. Il souffla bruyamment et gratta le sol avant de faire demi-tour et de s'éloigner en trottant, la queue pointée en l'air.

Une autre fois, comme nous marchions, j'eus une sensation bizarre, comme un frisson dans le dos. Je me retournai et vis un jeune lion, à vingt-cinq mètres de nous, qui nous contemplait avec intérêt. « Nous devons traverser calmement le petit ravin, et remonter de l'autre côté », dis-je à Gillian. Mais elle voulait se cacher parmi les épais buissons et attendre. Je réussis finalement à la convaincre. Le lion nous suivit pendant une centaine de mètres environ, puis s'arrêta et nous regarda grimper l'autre pente, jusqu'à ce que nous soyons hors de vue. Plus tard, Louis me dit que j'avais eu la bonne réaction.

J'étais triste lorsque l'heure du départ arriva – nous l'étions tous plus ou moins, à vrai dire. Ma seule consolation était que j'allais pouvoir continuer à travailler pour Louis, et apprendre encore davantage de choses sur les animaux.

A notre retour à Nairobi, je me suis très vite installée dans mon nouveau travail. Je passais mes journées assise à une table dans le « bureau » de Louis. J'avais emménagé dans un des appartements réservés au personnel du musée. J'ai commencé à fréquenter des gens qui savaient énormément de choses sur les oiseaux, les reptiles et les insectes d'Afrique. J'ai beaucoup appris en parlant avec eux.

Mon amie Sally vint d'Angleterre pour partager l'appartement avec moi. Elle était devenue institutrice et fut chargée d'une classe d'élèves de cinq à six ans dans une école voisine.

Nous nous sommes rapidement mises à remplir notre appartement d'animaux. On m'en apportait sans cesse : des animaux orphelins qui avaient besoin d'un toit, des animaux rescapés de marchés africains, etc... Le premier fut un galago nommé Levi.

Le galago est un petit animal apparenté au singe, et qui ressemble à un écureuil. Il a d'immenses oreilles, de grands yeux ronds et une longue queue fournie. La nuit, il émet des cris plaintifs, dont certains disent qu'ils rappellent les pleurs des bébés. Il y a plusieurs variétés de galagos. Levi faisait partie de la plus petite espèce.

Il passait la majeure partie de la journée à

dormir dans une grande calebasse posée sur l'armoire dans le bureau de Louis. Quelquefois, si Louis avait de la visite, Levi se réveillait en entendant la voix étrangère. Tout engourdi, il s'extirpait mollement de la calebasse, jetait un œil en bas, puis bondissait brusquement dans l'air pour atterrir sur les épaules du visiteur. Un homme, j'en suis sûre, faillit en avoir une attaque ! Mais Louis ne se préoccupa jamais des agissements de Levi : « En Afrique, les gens doivent toujours s'attendre à tout », disait-il. Le soir, Levi traversait la pièce en bondissant pour attraper les insectes attirés par les lampes.

Il mangeait également beaucoup de fruits, ainsi que des vers de farine. Je laissais souvent la porte ouverte, mais il ne s'enfuit jamais. Il se bornait à visiter de temps en temps les résidents des autres appartements, et les faisait sursauter en bondissant d'une porte ou d'une fenêtre, à la poursuite de quelque insecte.

J'ai ensuite acquis un petit singe vert – ou grivet – Kobi, et une mangouste naine, Kip. Ils étaient tous deux attachés sur un étal dans un marché local. Ils étaient devenus amis, et souvent Kobi s'asseyait en tenant Kip dans ses bras. Arriva ensuite une compagne pour Kobi, Let-

Levi, le bébé galago

tuce, et une compagne pour Kip, que nous avons tout simplement appelée Mme Kip, puis un hérisson venu là je ne sais plus comment, et enfin, Sally apporta un rat noir et blanc qu'elle avait fait évader du laboratoire de l'école pendant les vacances.

Nous avions aussi des animaux domestiques un peu plus conventionnels : Tana, un très bel épagneul cocker blanc et crème qui m'avait été donné, et Hobo, un épagneul springer qu'un ami m'avait confié pour quelque temps. Nous avions également un chat siamois, Nanky-Poo.

Aussi souvent que nous le pouvions, Sally et moi montions dans notre vieille voiture, appelions tous les animaux, et partions pour la forêt de Langata, près de là où vivaient Louis et sa famille. A l'arrivée, j'ouvrais la porte de la voiture et tous les animaux bondissaient dehors – sauf Nanky-Poo, qui restait dans la voiture, et le rat et le hérisson, qui restaient à la maison. Mais dès que je faisais redémarrer le moteur, ils revenaient à toute allure.

J'espérais toujours que mes singes partiraient vivre dans la forêt mais ils ne le firent jamais. Une fois qu'un animal a été attrapé et apprivoisé, il lui est très difficile de revenir à la vie sauvage. Seuls deux de nos animaux le firent. Le hérisson, que j'ai libéré à l'âge adulte, et Mme Kip. Kip, lui, refusa de partir. En fait, de tous mes animaux, c'est lui que j'ai gardé le plus longtemps, car je l'ai ramené avec moi en Angleterre, et il a vécu pendant des années à Bournemouth.

En général, ce n'est pas une bonne chose de faire d'animaux sauvages des animaux domestiques. Ils sont faits pour être libres, et ne peuvent pas s'adapter à notre mode de vie comme les chiens et les chats. Ils sont presque toujours destinés à des tristes fins. Kip est sorti dans la rue une froide nuit de novembre, et nous ne l'avons jamais revu. Il a dû mourir de froid, seul et effrayé. Danny qui l'adorait et qui, par accident, l'avait laissé sortir, faillit mourir également. Elle partit à sa recherche et resta dehors pendant des heures. Nous l'avons retrouvée, tremblante et toute bleuie par le froid. Il a fallu lui donner du cognac et la mettre au lit. Elle avait alors plus de quatre-vingts ans.

Bien sûr, les chats et les chiens peuvent connaître des fins tragiques eux aussi. Peu de temps après ma rencontre avec Louis Leakey, il m'emmena à la recherche du corps d'un lévrier d'Irlande qui, d'après son propriétaire, avait été emporté par un léopard la nuit précédente. Louis, qui connaissait très bien la brousse, suivit les empreintes du léopard et les traces de sang séché, et nous avons finalement découvert le cadavre de l'énorme chien. Le léopard avait réussi à le monter dans un arbre. Il n'avait pas mangé beaucoup, et il devait certainement être quelque part, non loin de nous. J'avais la chair de poule en scrutant en vain les branches et les buissons enchevêtrés.

Louis avait à cette époque conçu un plan pour capturer les léopards, qui causaient des dégâts et mettaient en danger la population, et les relâcher dans les parcs nationaux. Il fit venir sur place un camion transportant un grand piège. On traîna sur le sol le cadavre du chien avant de le déposer dans le piège. Louis espérait que le léopard en suivrait la trace et se ferait prendre. Le plan fonctionna parfaitement. Le lendemain matin, je suivis de nouveau Louis pour assister au chargement du léopard dans le camion qui l'emmènerait vers d'autres terrains de chasse. C'était un animal magnifique. Il dominait sa terreur et crachait au travers des barreaux en direction de son ennemi. J'espère qu'il s'est habitué à son nouveau décor. Les léopards ont un sens très aigu du territoire, et il lui aura certainement fallu combattre au moins un autre mâle de sa race avant de pouvoir s'installer.

Après neuf mois de travail au musée, j'avais assez d'argent de côté pour faire une surprise à maman – je lui fis parvenir un chèque pour qu'elle puisse venir me voir. Elle s'était toujours dévouée pour moi jusque-là. Mais à présent je pouvais enfin faire quelque chose pour elle.

Elle arriva par avion. Comme je l'avais prévu, elle aima aussitôt l'Afrique. Elle était aussi ravie de pouvoir faire connaissance de mes amis, humains et animaux. Elle se fit elle-même très vite des amis et se retrouva invitée un peu partout. Cela lui permit de visiter une grande partie du Kenya, malgré la brièveté de son séjour.

Nous avons également parlé ensemble de mon avenir. Louis ne s'était jamais beaucoup intéressé au degré universitaire de ses collaborateurs. Ce qui importait pour lui, c'était d'avoir des connaissances solides, de la détermination, et d'être très travailleur. J'aurais donc pu continuer à travailler pour lui. J'aurais également pu acquérir des connaissances plus importantes en matière de fossiles et devenir paléontologue.

Mais ces carrières étaient consacrées à l'observation d'animaux *morts*. Et moi, je désirais travailler avec des animaux *vivants*. Le rêve de mon enfance était plus solide que jamais. Il fallait absolument que je trouve un moyen d'observer des animaux libres et sauvages, vivant leur vie sans aucune intervention humaine. Je voulais apprendre des choses que personne ne savait, et découvrir des secrets à force d'observations patientes. Je voulais arriver à être le plus proche possible des animaux, à communiquer avec eux, je voulais devenir comme le Dr Doolittle. Je voulais vivre sans peur au milieu d'eux, comme Tarzan.

Souvent, depuis notre retour d'Olduvai, Louis avait parlé de chimpanzés qui vivaient sur les rives d'un lac lointain dans le Tanganyika. Il disait qu'ils étaient beaucoup plus forts que les hommes et qu'il pouvait donc être dangereux de les étudier. Mais il s'intéressait à ces chimpanzés, car il pensait que, s'il parvenait à connaître leur mode de vie, cela l'aiderait à comprendre davantage de choses sur la vie de nos ancêtres de l'âge de pierre. Les chimpanzés et les humains sont en effet très proches sur le plan biologique.

Comme je n'avais ni entraînement, ni expérience, et que je n'avais pas fait d'études spécialisées, je n'aurais jamais imaginé pouvoir être choisie pour une telle recherche. Mais bien entendu, je mourais d'envie d'essayer, et un jour, j'en fis part à Louis. «J'attendais que vous me disiez cela», fit-il en clignant de l'œil. «Pourquoi croyez-vous que je vous ai parlé de ces chimpanzés ?» Il me dit que mon manque d'expérience et de formation universitaire n'était absolument pas un obstacle. Il voulait envoyer là-bas quel-

L'auteur et Louis Leakey

qu'un dont l'esprit ne serait pas « encombré de théories », quelqu'un qui observerait avec attention, et enregistrerait avec précision. Il préférait quelqu'un qui désirait réellement vivre au milieu des singes et apprendre des choses sur leur comportement à quelqu'un qui voudrait simplement se donner un moyen d'acquérir un diplôme. Et par-dessus tout, il avait besoin de quelqu'un doté d'une patience infinie.

Cela ne faisait aucun doute : j'étais la personne qu'il lui fallait ! C'était ce que j'avais attendu si longtemps, le secret espoir avec lequel j'étais partie pour l'Afrique. Louis m'avertit que ce serait une tâche longue et très difficile. Dans le cas où je réussirais, il faudrait ensuite que j'aille à l'université pour obtenir un diplôme. Il me dit enfin qu'avant de commencer il nous faudrait trouver l'argent dont j'aurais besoin pour cette longue expédition. Nous avons pris ensemble la décision que je retournerais en Angleterre pour apprendre un maximum de choses sur les chimpanzés, pendant que lui collecterait des fonds.

5.

Une année entière passa entre mon départ d'Afrique et mon installation sur le territoire des chimpanzés. J'ai souvent eu l'impression que je n'y arriverais jamais. «C'est trop beau pour être vrai», me disais-je.

A mon retour en Angleterre, j'ai rapidement trouvé un emploi au zoo de Londres. Je ne travaillais pas, hélas! en contact direct avec les animaux, j'étais confinée à la bibliothèque-cinémathèque. Je pouvais néanmoins m'évader, et j'ai passé des heures à regarder les chimpanzés. Il y avait un superbe mâle appelé Dick et deux femelles. Mais Dick avait été enfermé dans une trop petite cage pendant si longtemps qu'il en était presque devenu fou. Il restait assis dans un

Au zoo de Londres. Dick compte ses doigts.

coin, et semblait compter ses doigts, tandis que sa bouche s'ouvrait et se fermait à intervalles réguliers. En le voyant, je me suis juré d'essayer de faire en sorte qu'un jour les chimpanzés des zoos soient mieux traités.

J'ai lu tout ce que j'ai pu trouver sur les chimpanzés, mais presque tous les ouvrages traitaient de chimpanzés en laboratoires ou de chimpanzés domestiqués. Seul un homme avait essayé de les observer là où ils vivent, mais seulement pendant deux mois et demi, et il n'avait pas pu apprendre grand-chose. Cependant, plus je lisais, plus je réalisais à quel point les chimpanzés sont intelligents. Tous les ouvrages s'accordaient pour affirmer que les chimpanzés étaient les créatures les plus proches de l'homme. «Quelle chance!» pensais-je. «Moi qui vais pouvoir les étudier pendant des mois et des mois chez eux, dans leur forêt!»

Enfin, Louis m'écrivit pour me dire qu'il avait réuni assez d'argent pour que je puisse commencer mon étude. Il avait également réussi à obtenir des autorités britanniques du Tanganyika – qui est devenu la Tanzanie après sa fusion avec Zanzibar – l'autorisation de travailler dans la réserve du fleuve Gombe. En 1960, le Tanganyika était encore sous tutelle britannique, et Louis me dit qu'il avait eu beaucoup de mal à obtenir cette permission. A cette époque, ce n'était pas prudent pour une jeune femme seule d'aller étudier les animaux dans la jungle. D'ailleurs, je n'étais pas autorisée à m'y rendre seule : il fallait que je choisisse quelqu'un pour m'accompagner.

Eh bien… J'ai choisi maman. Cette perspective la remplit d'enthousiasme. Elle avait adoré l'Afrique et avait très envie d'y retourner. Elle désirait également me seconder dans cette aventure un peu hasardeuse. Elle ne pourrait pas rester plus de trois ou quatre mois, mais nous espérions que, d'ici là, les autorités se seraient habituées à ma présence, et me laisseraient continuer seule.

C'est dans une ambiance survoltée que nous avons fait nos bagages pour Nairobi. Louis vint nous accueillir à l'aéroport et nous emmena à l'hôtel où nous devions rester pendant que tout se préparait pour l'expédition.

Ces préparatifs étaient très impressionnants. Nous avions besoin de tout un matériel de camping – tentes, lits, batterie de cuisine, lampes, etc… – de provisions de nourriture, de vêtements kaki pour moi, afin que je puisse me fondre dans les couleurs de la forêt, de jumelles et d'une imposante quantité de blocs de papier pour prendre des notes.

C'est alors qu'arriva une terrible déception, sous la forme d'un long télégramme des responsables de la réserve de Gombe : des pêcheurs se battaient actuellement pour l'exclusivité de certaines rives du lac, à l'intérieur de la réserve. Mademoiselle Goodall et sa mère n'y seraient pas en sécurité. Nous devions reporter à plus tard notre safari.

Louis savait combien j'étais désappointée. Il s'arrangea pour que maman et moi puissions être emmenées, sur son petit bateau à moteur, pour nous rendre dans l'île sauvage de Lolue, sur le lac Victoria. Sur cette île vivaient des grivets que je pourrais observer. Cela constituerait pour moi un excellent entraînement.

Nous avons fait la première partie du trajet en train, puis nous avons emprunté un très joli bateau pour nous rendre à l'île de Lolue. Le capitaine, un Africain nommé Hassan, était un homme extraordinairement sympathique, et nous avons beaucoup apprécié sa compagnie. Il était aidé d'un jeune garçon nommé Hamisi.

Je garde un merveilleux souvenir de ces jours passés à observer ces grivets. En un peu plus d'une semaine, je réussis à m'approcher du groupe que j'avais choisi, sans le faire fuir.

L'île, qui avait une superficie de quinze kilomètres carrés, était bordée d'une large ceinture d'arbustes très denses. Au centre, il y avait une sorte de clairière, avec quelques arbres et d'énormes rochers. C'est là que je suis restée la plupart du temps, à regarder les singes se déplacer entre les arbres et les buissons. Vers midi, lorsque le soleil brûle, ils s'enfonçaient plus profondément dans la ceinture d'arbustes, en direction du lac. Un jour, alors que j'étais là depuis presque deux semaines, et que les singes étaient tout à fait habitués à ma présence, je décidai d'essayer de les suivre dans la brousse.

Je marchais lentement le long d'un de ces tunnels que creusent les hippopotames à travers les buissons quand ils reviennent paître la nuit à l'intérieur des terres, lorsque j'entendis quelque chose s'approcher. Je me mis à ramper dans les buissons en espérant qu'il ne s'agissait pas d'un hippopotame. Ces animaux peuvent se montrer dangereux, surtout s'ils sont effrayés. Il n'y avait pas un souffle d'air dans cette épaisse végétation, et mon odeur trahirait immédiatement ma présence.

Lorsque je vis ce qui approchait, mon cœur se mit à battre très fort. C'était plus dangereux qu'un hippopotame. C'était un homme ceinturé d'un pagne, qui tenait une lance à la main. Je compris qu'il s'agissait d'un de ces hommes qui chassaient illégalement les crocodiles. Hassan m'en avait parlé. Je savais que je ne pouvais pas éviter d'être vue, je suis donc sortie de mes buissons en disant «Jambo ?» – «Comment allez-vous ?» L'homme s'arrêta net, comme si je l'avais frappé, et en un éclair leva son arme. L'extrémité de la lance était directement pointée sur moi. L'homme semblait prêt à m'empaler. Mais soudain, peut-être parce qu'il vit que je n'étais après tout qu'une jeune fille blanche, il abaissa sa lance. Je respirai de nouveau. Il était cependant furieux, et se mit à crier. Je ne pouvais pas comprendre tout ce qu'il disait, mais je saisis qu'il avait l'intention de me tuer s'il me revoyait dans les parages, et que je devais me presser de quitter l'île ! Enfin, il s'éloigna.

Mon envie d'observer les singes m'avais soudainement passé ! Je rejoignis le bord de l'eau et fit signe à Hassan de venir me chercher. En entendant mon histoire, il se mit en colère. Il dirigea aussitôt le bateau vers le camp des braconniers pour aller leur parler. Finalement, ils acceptèrent de me laisser tranquille, à condition que je ne m'approche pas de leur camp. J'étais toute prête à me plier à cet arrangement, cependant, je ne suis jamais parvenue à leur faire totalement confiance. S'il m'arrivait de suivre des singes le long des tunnels obscurs des hippopotames, je m'attendais à tout instant à voir surgir une ombre inquiétante.

Au bout de presque quatre semaines, j'avais appris beaucoup de choses sur les grivets. Lorsqu'il vint me chercher un soir, Hassan m'annonça qu'il avait reçu un message par radio disant que je pouvais maintenant me rendre à Gombe. Je retournai quand même sur l'île le jour suivant, car je m'étais attachée aux petits singes – Pierre, Maggie, Lucy et son petit bébé, Grock, né quelques jours auparavant – et je ne voulais pas partir sans leur dire adieu. Nous avons quitté le lac très tôt le lendemain matin.

Lorsque j'arrivai à Nairobi, tout était prêt pour notre départ. Ce serait Bernard Verdcout, le botaniste du musée, qui nous conduirait maman et moi à Kigoma, la ville la plus proche de Gombe. La Land Rover était si chargée que nous avons considéré comme un vrai miracle le fait qu'elle puisse encore avancer.

Le voyage dura trois jours. La plupart du trajet se faisait à travers une forêt infestée de mouches tsé-tsé. Lorsque nous faisions halte, de jour, les mouches qui suivaient la voiture fondaient aussitôt sur nous, en quête de sang. Les mouches tsé-tsé sont d'horribles insectes gris, dont le vol est si rapide qu'il est presque impossible de les tuer. Leurs morsures sont douloureuses. Dans certaines régions, elles peuvent transmettre la maladie du sommeil.

Arrivés à Kigoma, nous nous sommes arrêtés dans un petit hôtel où nous avons pu nous laver et nous changer avant d'aller voir le commissaire responsable de la région. Nous y allions uniquement pour nous présenter, une formalité d'usage en quelque sorte. Hélas, après nous avoir souhaité la bienvenue, le commissaire prit un air grave. «Je suis désolé», dit-il, «mais je ne puis vous autoriser à vous rendre à Gombe maintenant. Il y a une terrible révolte parmi les Africains du Congo belge, de l'autre côté du lac. Ils ont tué beaucoup de Blancs. Nous ne savons pas encore comment les Africains du Tanganyika vont réagir. Il est possible qu'ils décident de se rebeller eux aussi. Vous ne pouvez pas quitter Kigoma avant que nous soyons fixés.»

J'eus soudain l'impression que je ne pourrais jamais aller à Gombe. Déçus et inquiets, nous sommes retournés à l'hôtel.

Nous nous sommes vite rendu compte que Kigoma était envahi de réfugiés du Congo. Beaucoup d'entre eux avaient vu leurs proches ou leurs amis se faire tuer et s'étaient enfuis, laissant derrière eux tout ce qu'ils possédaient. Certains étaient blessés. Ce fut une triste et pénible période. La plupart des réfugiés étaient accueillis dans un immense bâtiment, propriété belge, sur la rive du lac. Tous les habitants de Kigoma s'étaient unis pour les aider.

Deux jours plus tard, une nouvelle vague de réfugiés arriva. Heureusement, bon nombre des premiers réfugiés avaient alors quitté Kigoma. Mais la ville était néanmoins surpeuplée. Maman, Bernard et moi nous sommes installés dans la même chambre pour que l'hôtel puisse accueillir quelques sans-abri supplémentaires. Quelques jours plus tard, nous avons quitté l'hôtel et monté nos tentes au bord du lac. Là, nous nous sommes sentis un peu plus à l'aise. Les gens de Kigoma étaient très gentils et nous invitaient chez eux pour prendre des repas et nous laver.

Enfin, après une attente qui nous parut interminable, les autorités britanniques déclarèrent que nous pouvions nous rendre à Gombe en toute sécurité. Bernard resta avec nous jusqu'à ce que nous ayons fini de charger notre matériel sur le petit bateau du gouvernement qui devait nous emmener à Gombe. Il m'avoua plus tard qu'il avait pensé que nous pourrions ne jamais nous revoir. Cette idée d'aller étudier les chimpanzés lui semblait très dangereuse, et il nous trouvait inconscientes. J'appris par la suite que beaucoup d'autres gens pensaient comme lui. Heureusement, Louis ne les avait pas écoutés !

6.

Le 16 juillet 1960 est un jour dont je me souviendrai toute ma vie. Ce jour-là, j'ai posé pour la première fois le pied sur la rive de galets et de sable du pays des chimpanzés, en d'autres termes : le parc national de Gombe. J'avais vingt-six ans.

Nous avons été accueillies maman et moi par les deux Africains responsables de la surveillance et de la protection de la réserve. Ils nous ont offert leur aide pour trouver un emplacement et monter notre tente.

Nous avons opté pour une ravissante clairière ombragée près de la rivière Kakombe. Avant notre départ de Kigoma, nous avions trouvé un cuisinier, Dominic. Il installa sa petite tente à quelque distance de la nôtre, tout près du lac.

Une fois le campement installé, je partis explorer les lieux. L'après-midi était déjà très

L'auteur et
sa mère,
Vanne Goodall,
à Gombe.

avancée, je ne pouvais donc pas m'aventurer très loin. Il y avait eu un feu de brousse récemment, et toute la végétation des crêtes et des cimes les plus exposées avait brûlé. Il était donc très facile de se déplacer, cependant les pentes qui descendaient dans la vallée étaient très escarpées par endroits, et je glissai plus d'une fois sur le sol rocailleux.

Je n'oublierai jamais le frisson que me procura cette première exploration. Je commençais à peine à m'éloigner du campement lorsque je croisai une troupe de babouins. Ils paniquèrent à la vue de cette étrange créature à peau blanche et lancèrent leur cri d'alarme, qui se répercuta aussitôt dans toute la vallée : « Waa-hou ! Waa-hou ! » Je m'éloignai en espérant qu'ils s'habitueraient rapidement à moi – sinon, pensai-je, ils effraieront toutes les créatures de la réserve ! Comme je traversais un étroit ravin empli d'arbustes et de buissons, je me trouvai presque nez à nez avec un guib, une sorte d'antilope de la taille d'une chèvre mais avec des pattes plus longues. Je vis que c'était une femelle car elle n'avait pas de cornes. Quand elle flaira mon odeur, elle resta parfaitement immobile pendant quelques instants et regarda dans ma direction. Elle avait de grands yeux sombres. Puis, avec une sorte de jappement, elle se détourna et s'enfuit en bondissant.

Arrivée au sommet d'une des crêtes les plus hautes, je me mis à observer la vallée. La forêt était épaisse et obscure. C'était là que je projetais de me rendre dès le lendemain matin, à la recherche de chimpanzés.

Le soleil se couchait lorsque je suis revenue au campement. Dominic avait fait du feu et préparait notre souper. Ce soir-là et les quatre jours suivants, nous avons eu de la nourriture fraîche, ramenée de Kigoma, mais ensuite nous n'avons plus mangé que des conserves. Le montant de la somme que Louis avait pu collecter n'était pas très élevé, aussi notre matériel était-il réduit et très simple : un couteau, une fourchette, et une cuillère par personne, ainsi qu'une paire de bols et d'assiettes en fer-blanc. Mais c'était tout ce dont nous avions besoin. Après notre premier dîner, maman et moi avons longuement parlé auprès du feu, avant d'aller nous glisser sous la tente, dans nos lits de camp.

Je sortis très tôt le matin pour chercher les chimpanzés. Le garde britannique responsable de Gombe m'avait demandé de ne pas m'aventurer seule dans les montagnes éloignées du campement, à moins de me faire accompagner par un des surveillants de la réserve. Je partis donc avec Adolf. Ce premier jour, nous avons aperçu deux chimpanzés qui se nourrissaient dans un grand arbre. Mais à notre vue, ils sautèrent de l'arbre et disparurent dans la forêt. Le second jour : pas un chimpanzé à l'horizon. Ni le jour suivant. Ni le jour d'après.

Il se passa une semaine entière avant que nous ne découvrions un arbre immense, empli de baies rouges dont Adolf me dit qu'il s'agissait de fruits appelés msulula. Nous pouvions voir des chimpanzés arrivant de l'autre versant de la vallée. Ils grimpaient dans l'arbre, mangeaient, puis redescendaient et disparaissaient dans la forêt. Je décidai de camper à l'endroit d'où j'avais la meilleure vue, afin de pouvoir commencer mes observations dès l'aube. Je suis restée trois jours en amont de cette vallée et j'y ai vu beaucoup de chimpanzés. Mais ils étaient trop éloignés, et le feuillage de l'arbre trop fourni. C'était donc plutôt frustrant, et je n'avais pas grand-chose à raconter à maman à mon retour au campement.

J'avais un second problème : Adolf était très paresseux. Il était presque toujours en retard le matin et me faisait perdre ainsi beaucoup de temps. Je décidai de demander les services d'un autre garde, Rashidi. C'était un homme beaucoup plus efficace, et il m'aida énormément, notamment en me montrant les pistes qui traversaient les forêts et les meilleurs chemins pour passer d'une vallée à l'autre. Il avait également une vue assez extraordinaire, et remarquait les chimpanzés de très loin.

Mais au bout de plusieurs mois, les chimpanzés n'étaient toujours pas habitués à nous. Ils détalaient dès que nous nous rapprochions. Je suppliai alors le directeur de la réserve de me laisser me déplacer seule dans les forêts. Je promis de toujours dire à Rashidi dans quelle direction je partirais, afin qu'il sache où me chercher si je n'étais pas rentrée le soir. Il finit par accepter, à contrecœur. J'allais enfin pouvoir essayer de gagner la confiance des chimpanzés à ma façon.

Dès lors commença une nouvelle période : je me levais tous les matins à 5h30, prenais deux tranches de pain avec un bol de café préparé la veille et conservé dans une bouteille Thermos, et je partais là où je pensais que se trouveraient les chimpanzés.

La plupart du temps, je grimpais jusqu'à un lieu nommé le Pic. J'avais découvert que, de cet endroit très élevé, j'avais une vue splendide dans toutes les directions. Je pouvais voir les chimpanzés se déplacer dans les arbres, et j'entendais même leurs cris. Au début, je me suis contentée de les observer à la jumelle sans essayer de m'approcher. Je savais que si je le faisais, les chimpanzés s'enfuiraient en silence.

Petit à petit, je commençais à apprendre des choses sur leur mode de vie. Je découvris que les chimpanzés se déplaçaient presque toujours par petits groupes de six, ou moins, et non en grandes bandes comme les babouins. Souvent ce groupe se composait d'une mère et de ses petits, ou de deux ou trois adultes mâles. Parfois, plusieurs groupes se rejoignaient, surtout quand il y avait de délicieux fruits bien mûrs sur un grand arbre. Quand les chimpanzés se rassemblaient ainsi, ils étaient toujours très excités. Ils faisaient beaucoup de bruit, et étaient donc très faciles à repérer.

Je finis par réaliser un jour que les chimpanzés que j'observais faisaient tous partie d'un seul groupe – une communauté en fait. Cette communauté comprenait une cinquantaine de chimpanzés, environ, et semblait avoir pour territoire principal trois vallées dont deux situées au nord de celle de Kakombe (où se trouvait notre campement) et une au sud.

Du haut du Pic, je repérais les arbres dans lesquels les chimpanzés venaient se nourrir, et lorsqu'ils étaient partis, je descendais faire une collecte des feuilles, fleurs et fruits afin de les identifier plus tard. Je m'aperçus que les chimpanzés se nourrissaient en majeure partie de fruits, mais également de plusieurs sortes de feuilles, de fleurs, de graines et de tiges. Je devais découvrir plus tard qu'ils mangent aussi certains insectes, et parfois chassent et tuent des petits animaux de proie.

Durant ces mois de découverte progressive, les chimpanzés commencèrent tout doucement à réaliser qu'après tout je n'étais pas si effrayante. Cependant, il s'écoula tout de même un an avant que je puisse les approcher d'une petite centaine de mètres, ce qui n'est pas vraiment très près ! Les babouins s'étaient habitués beaucoup plus rapidement à ma présence. Cela en devint même ennuyeux : ils se mirent bientôt à traîner autour du campement et ne se gênaient pas pour chaparder de la nourriture si nous en laissions accidentellement sur la table.

Je commençais également à en savoir davantage sur les autres créatures qui partageaient la forêt avec les chimpanzés. Il y avait quatre sortes de singes en plus des babouins et beaucoup d'animaux plus petits, comme des écureuils et des mangoustes. Il y avait aussi différentes créatures nocturnes: des porcs-épics, des civettes (animaux ressemblant aux martres) et plusieurs sortes de rats et de souris. Seulement une petite minorité des animaux peuplant les forêts de Gombe représentait un danger, principalement les buffles et les léopards. Les phacochères ne se révélaient dangereux que si on les attaquait, eux ou leurs petits. Et bien sûr, il y avait des serpents venimeux, sept espèces différentes.

Un jour, comme je venais d'arriver sur le Pic, à l'aube, je vis surgir une imposante masse sombre, non loin de moi. Je réalisai vite qu'il s'agissait d'un buffle et mon cœur se mit à tambouriner dans ma poitrine. Beaucoup de chasseurs craignent les buffles plus que les lions ou les éléphants.

Fort heureusement, le vent soufflait dans ma direction et il ne pouvait donc pas détecter ma présence. Il me tournait le dos et ruminait tranquillement. Il ne m'avait pas entendue approcher

– j'essayais toujours de me déplacer aussi silencieusement que possible. Je rebroussai chemin très lentement, avec d'infinies précautions.

Une autre fois, j'étais assise sur le Pic lorsque j'entendis un son étrange, qui ressemblait à un miaulement. Je regardai autour de moi : c'était un léopard qui s'approchait. Il était à un peu plus d'une centaine de mètres, et je ne distinguais que le bout de sa queue mouchetée qui dépassait des hautes herbes. Il suivait la petite piste qui menait directement là où je me trouvais. Les léopards ne sont généralement dangereux que s'ils sont blessés. J'en avais cependant très peur à cette époque – cette peur résultait probablement de l'épisode avec le lévrier d'Irlande. Je me levai en silence, et partis à pas de loup vers un autre poste d'observation.

Plus tard, je suis revenue sur le Pic et j'ai réalisé que le léopard s'était comporté comme n'importe quel chat, c'est-à-dire en animal très curieux. A l'endroit exact où je m'étais assise, il avait laissé son empreinte – ses excréments.

Mais je dois dire que la plupart du temps mes séances d'observation sur le Pic ne furent troublées que par des insectes. Je commençais d'ailleurs à m'y sentir chez moi. J'emportais là-haut une petite valise en fer qui contenait une bouilloire, un peu de café et de sucre, et un bol. C'était bien agréable lorsque j'étais fatiguée, après une longue marche d'une vallée à une autre. J'emportais également une couverture, et lorsque les chimpanzés dormaient près du Pic, j'y passais la nuit, afin de les voir dès le lever du jour. J'aimais beaucoup dormir là-haut, surtout les nuits de lune. Et si j'entendais le feulement d'un léopard, je me mettais à prier, la tête enfouie sous les couvertures !

Les chimpanzés dorment toute la nuit, exactement comme nous. Du haut du Pic, je pus souvent les observer tandis qu'ils faisaient leurs nids, ou plutôt leurs lits. Tout d'abord, le chimpanzé pose une branche sur une fourche solide d'un arbre, et, tout en la maintenant avec ses pieds, il en pose une seconde dessus. Ensuite, il replie l'extrémité de la première branche par-dessus la seconde, et ainsi de suite. Souvent, pour terminer, il se confectionne un doux oreiller de brindilles et de feuilles. Les chimpanzés aiment leur confort !

J'ai également appris, au fil de mes années d'études, que les petits dorment dans le lit de leur mère jusqu'à l'âge de cinq ans environ, ou jusqu'à ce que la mère mette au monde un autre bébé. Ils doivent alors faire leur lit seuls.

Je n'étais jamais de retour au campement avant le coucher du soleil. Cependant, même lorsque je dormais sur le Pic, je revenais pour dîner avec maman, et lui raconter ce que j'avais vu. Elle aussi me racontait alors sa journée.

Elle avait monté un petit dispensaire, et donnait des soins aux Africains, des pêcheurs pour la plupart. Un jour, elle parvint à guérir un vieil homme qui était réellement très malade. La rumeur se répandit très loin, et parfois des gens parcoururent des kilomètres pour se faire soigner par cette miraculeuse femme-docteur blanche.

Ce dispensaire avait également de gros avantages pour moi : il signifiait aux Africains que nous ne demandions qu'à les aider. Quand maman dut repartir en Angleterre au bout de quatre mois – il fallait tout de même qu'elle s'occupe de sa propre maison – les Africains m'offrirent leur aide en retour.

Bien évidemment, maman était inquiète de me laisser seule. Dominic était un excellent cuisinier et une compagnie agréable, mais il lui arrivait parfois de s'enivrer, et l'on ne pouvait pas vraiment compter sur lui. Louis Leakey demanda donc à Hassan de venir nous rejoindre. J'étais très heureuse de le retrouver. Quant à maman, elle se sentit tout à fait soulagée.

Elle m'a manqué bien sûr, mais je n'avais pas le temps de me sentir vraiment seule. Il y avait trop à faire.

Un jour, peu après son départ, je fus accueillie par un Dominic complètement surexcité. Il me raconta qu'un grand chimpanzé mâle était resté pendant une heure à manger des choux palmistes dans l'enceinte du campement. Ensuite, il était descendu de l'arbre, allé jusqu'à ma tente, et avait pris les bananes qui y avaient été mises pour mon dîner.

Barbe-Blanche.

C'était là une nouvelle absolument extraordinaire. Pendant des mois, les chimpanzés avaient fui à ma vue, et à présent, l'un d'eux était venu visiter mon territoire !

Le lendemain, j'attendis au cas où le chimpanzé reviendrait. Ce fut ma première « grasse matinée » depuis des mois. Comme les heures défilaient, je commençais à me faire du souci. Viendrait-il ? Enfin, vers quatre heures de l'après-midi, j'entendis du bruit dans les broussailles près de ma tente, et j'entrevis une forme sombre qui s'approchait.

Je le reconnus tout de suite. C'était le beau mâle qui avait une barbe blanche et fournie. Je l'avais d'ailleurs surnommé Barbe-Blanche. Nonchalamment, il grimpa dans le palmier et s'offrit un petit festin. Puis il descendit se servir en bananes – j'avais pris soin d'en laisser à proximité.

Il y avait des noix mûres pour encore cinq jours sur cet arbre. Barbe-Blanche nous rendit visite à trois reprises et fut à chaque fois comblé de bananes.

Un mois plus tard, lorsqu'un autre palmier eut

des fruits mûrs, Barbe-Blanche revint. Un jour, il prit même une banane que je lui tendais. Je n'en crus pas mes yeux.

A partir de ce moment, les choses devinrent plus faciles pour moi. Parfois, lorsque je rencontrais Barbe-Blanche dans la forêt, il s'approchait pour voir si par hasard je ne dissimulais pas une banane dans ma poche. Les autres chimpanzés semblaient sidérés. Finalement, elle n'est peut-être pas dangereuse, semblaient-ils penser. Petit à petit, ils m'autorisèrent à m'approcher de plus en plus.

C'est Barbe-Blanche qui m'offrit une de mes observations les plus intéressantes. Un matin, je le vis sur une termitière et m'approchai pour voir ce qu'il faisait. Il cueillit un brin d'herbe, le glissa dans l'un des tunnels de la termitière, attendit quelques secondes puis le retira. Le brin d'herbe était entièrement recouvert de termites qui s'y accrochaient de leurs mâchoires. Il les décolla avec ses lèvres avant de les croquer, et repartit aussitôt à la pêche. Lorsque le brin d'herbe devint trop mou, Barbe-Blanche le laissa tomber, prit une brindille dont il ôta une à une les feuilles et l'utilisa pour remplacer le brin d'herbe.

Je n'en revenais pas. C'était indéniable : Barbe-Blanche s'était servi d'un outil ! Il avait également transformé une brindille en canne à pêche à termites. En fait, il avait *fabriqué* un outil. (Je devais apprendre par la suite que le chimpanzé utilise beaucoup plus d'objets comme outils que n'importe quelle créature, l'homme mis à part.) Cette découverte passionna Louis plus que toute autre.

En octobre, la saison sèche prit fin et il commença à pleuvoir. Bientôt les flancs dorés de la montagne se couvrirent d'une herbe luxuriante, et les fleurs firent leur apparition. L'air sentait délicieusement bon. En général il ne pleuvait pas beaucoup, mais parfois il y avait de véritables petits déluges. J'aimais marcher dans la forêt sous la pluie. Et j'aimais les soirées, plus fraîches que de coutume. Je m'installais dans ma tente avec une lampe-tempête et j'avais l'impression de me trouver dans un nid douillet. Mais la saison des pluies avait ses inconvénients : tout devenait humide et certaines choses finissaient par moisir. Dans ma tente s'infiltraient souvent des scorpions, des scolopendres venimeux géants et parfois même un ou deux serpents. Mais j'eus de la chance : je n'ai jamais été piquée ni mordue.

La saison des pluies ne semblait pas convenir aux chimpanzés. Visiblement, ils avaient froid, ils tremblaient même. Comme ils étaient suffisamment intelligents pour se servir d'outils, je fus surprise de constater qu'ils ne savaient pas se construire d'abri. Bon nombre d'entre eux tombaient malades et se mettaient à tousser. Et souvent, pendant les fortes pluies, ils étaient nerveux et de mauvaise humeur.

Un jour, je marchais dans une épaisse forêt sous une pluie battante, lorsque soudain je vis un chimpanzé accroupi qui me barrait le passage. Je m'arrêtai aussitôt. J'entendis alors du bruit dans les branches. Je levai les yeux. Un grand chimpanzé était perché juste au-dessus de moi.

Lorsqu'il me vit, il poussa un grand cri qui me donna la chair de poule. C'était le cri qu'ils utilisent pour menacer un animal dangereux. A ma droite, j'aperçus une large main sombre qui secouait les branches, et des yeux brillants qui me fixaient méchamment à travers le feuillage. J'entendis à nouveau un cri terrible, derrière moi cette fois. Le grand mâle au-dessus de ma tête se mit à agiter frénétiquement les branches. J'étais cernée. Je m'accroupis et tentai de me montrer aussi inoffensive que possible.

Soudain, l'un des chimpanzés, l'air furieux, chargea droit sur moi. Au dernier moment, il m'évita, et disparut dans les buissons. Je restai immobile. Deux autres chimpanzés chargèrent à leur tour, sans me toucher, et disparurent eux aussi. Quelques intants plus tard, je me rendis compte que j'étais de nouveau seule. Tous les chimpanzés étaient partis.

C'est alors seulement que je réalisai combien j'avais eu peur. Mes jambes tremblaient tellement que j'avais du mal à me redresser ! Les chimpanzés mâles, malgré leur petite taille par rapport à l'homme, sont au mois trois fois plus forts qu'un adulte. Et je ne pesais que quarante-cinq kilos ! J'étais devenue très mince à force de grimper les montagnes et de ne prendre qu'un seul vrai repas par jour. Cet incident se produisit peu après que les chimpanzés eurent cessé d'avoir peur de moi, mais avant qu'ils aient appris à m'accepter comme faisant partie du monde dans lequel ils vivaient. Mais je pense que si Barbe-Blanche s'était trouvé avec eux, ils ne se seraient probablement pas comportés ainsi.

Après mes longues journées dans la forêt, c'était avec plaisir que je revenais au campement prendre le dîner que Dominic avait déjà préparé. Une fois par mois, il se rendait à Kigoma avec Hassan. Ils ramenaient des provisions de fruits, de légumes et d'œufs frais. Ils rapportaient également mon courrier, que j'attendais avec beaucoup d'impatience.

Après le dîner, je sortais le carnet dans lequel je griffonnais à la hâte mes notes au cours de mes observations, et je réécrivais tout, lisiblement, dans mon journal. Il était très important que je le fasse chaque soir, pendant que la journée était encore bien fraîche dans ma mémoire. Même les nuits où je repartais pour dormir sur le Pic, j'écrivais toujours mon journal après avoir dîné.

Peu à peu, au fil des semaines, je commençais à pouvoir distinguer de plus en plus de chimpanzés parmi les autres. Je parvins même à bien connaître certains, comme Goliath, William et la vieille Flo, parce que Barbe-Blanche les amenait de temps en temps avec lui lorsqu'il me rendait visite. J'avais toujours au campement une provision de bananes à leur intention.

Lorsqu'on a côtoyé les chimpanzés pendant assez longtemps, ils ne paraissent plus interchangeables. On commence à pouvoir les différencier physiquement, mais aussi sur le plan de la personnalité. Barbe-Blanche, par exemple, était un chimpanzé très calme, qui aimait rester en dehors du bruit et de l'agitation. Mais cela ne l'empêchait pas d'être incroyablement têtu. S'il arrivait au campement et n'y trouvait pas de bananes, il entrait dans ma tente et la fouillait

L'auteur avec Barbe-Blanche.

méthodiquement. Après son passage, elle ressemblait à un champ de bataille ! Goliath, lui, était beaucoup plus impétueux. William était un chimpanzé très timide.

La vieille Flo était très facile à reconnaître. Elle avait un gros nez et les oreilles abîmées. Elle venait me voir avec sa petite dernière, que j'avais baptisée Fifi, et son cadet, Figan. Parfois Faben, l'aîné, les accompagnait.

C'est grâce à Flo que j'ai appris que les femelles en liberté n'ont un petit que tous les cinq ou six ans. Les enfants plus âgés, même après qu'ils sont devenus indépendants, passent encore beaucoup de temps avec leur mère, et d'ailleurs, les différents membres de la famille s'aident toujours les uns les autres.

Flo m'apprit également que les femelles chimpanzés n'ont pas qu'un seul compagnon. Un jour, comme elle arrivait au campement, je remarquai une bosse rose sur son postérieur – ce qui signifiait qu'elle était en période d'accouplement. Elle était suivie d'une longue file de prétendants. Beaucoup d'entre eux n'étaient jamais venus au campement et étaient très effrayés. Mais leur attirance pour Flo était telle qu'ils surmontaient leur peur.

Peu de temps après que les chimpanzés eurent

Fifi cherchant les bananes que nous cachons quelquefois sous nos chemises.

commencé à me rendre visite, la National Geographic Society, qui avait donné à Louis l'argent qui finançait mes recherches, envoya à Gombe un photographe pour qu'il fasse un film. Hugo van Lawick était un baron hollandais. Il aimait et respectait les animaux, tout comme moi, et réalisa un film magnifique. Un an plus tard, en Angleterre, nous nous sommes mariés.

J'avais alors quitté Gombe quelque temps pour commencer mes propres études à l'université de Cambridge. Ce fut très dur de partir, mais je savais que je serais bientôt de retour. J'avais promis à Louis de travailler dur.

Lorsque j'ai eu mon diplôme,-Hugo et moi somme revenus tous les deux à Gombe. Ce furent des jours particulièrement passionnants, car Flo venait juste de donner naissance à un nouveau petit, Flint. C'était le premier bébé chimpanzé sauvage que je voyais de près, presque quatre ans après le début de mon expérience.

Flo venait très souvent chercher des bananes au campement. Fifi, à présent âgé de six ans, et Figan, qui avait cinq ans de plus, étaient toujours avec elle. Fifi adorait son nouveau petit frère. Quand il fut âgé de quatre mois, elle eut l'autorisation de jouer avec lui et de s'en occuper. Parfois, Flo la laissait aussi le porter quand ils se promenaient dans la forêt. Pendant ce temps, Fifi apprit beaucoup de choses sur la façon d'être une bonne mère.

Flint apprit à marcher et à grimper à six mois. Il apprit également à se tenir sur le dos de sa mère, au lieu de se suspendre sous son ventre. Il commença à passer davantage de temps à jouer avec ses aînés. Ils se montraient toujours très gentils avec lui. Les autres jeunes de la communauté aussi d'ailleurs. Dans le cas contraire, Flo, malgré son âge et sa petite taille, les aurait immédiatement menacés, voire attaqués.

J'observais comment Flint apprenait graduellement à utiliser le langage de cris et de gestes par lequel les chimpanzés communiquent – certains de ces gestes sont identiques aux nôtres : se tenir la main, se prendre dans les bras, s'embrasser, se taper dans le dos ; ils ont aussi la même signification. De plus, s'ils n'ont pas de langage avec des mots comme nous, leurs appels peuvent faire savoir ce qui se passe à des chimpanzés éloignés. Chaque appel (il y en a au moins trente, peut-être davantage) a une signification différente.

Flo était celle qui dominait toutes les femelles de la communauté. Mais elle ne pouvait commander à aucun des mâles. Dans la société des chimpanzés, les mâles sont le sexe dominant. Parmi les mâles eux-mêmes, il y a un ordre social, et celui qui est au sommet de cet ordre est le chef de la communauté.

Le premier chef que je connus était Goliath. Puis, en 1964, Mike prit le pouvoir. Pour cela, il se servit de son cerveau. Il prit deux bidons vides dans notre campement et effraya les autres mâles en chargeant sur eux tout en frappant les bidons l'un contre l'autre. C'était tout à fait spectaculaire, et les autres chimpanzés prenaient à chaque fois la fuite. Ainsi, Mike n'eut pas à combattre pour devenir chef – cela valait d'ailleurs mieux pour lui, car il était plutôt chétif ! Il resta le chef pendant six ans.

Les mâles adultes passent beaucoup de temps ensemble. Souvent, ils patrouillent le long des limites de leur territoire, et attaquent des chimpanzés d'autres communautés s'ils en rencontrent. Ces batailles sont très violentes et les victimes peuvent mourir. Il n'y a que les jeunes femelles qui puissent passer d'une communauté à une autre sans se faire blesser. En fait, les grands mâles partent parfois à la recherche de ces femelles et tentent de les ramener sur leur propre territoire.

Chaque mois, j'en apprenais davantage. J'enregistrais de plus en plus de détails lorsque j'observais les chimpanzés. Au lieu de noter les informations dans un carnet, je me mis à utiliser un petit magnétophone, ce qui me permettait de ne pas quitter les chimpanzés des yeux. A la fin de la journée, il y avait tant de choses à taper, que je m'aperçus que je ne pouvais plus le faire seule. Il me fallait l'aide d'un assistant. Et bientôt, comme les chimpanzés venaient de plus en plus nombreux au campement, j'eus besoin que d'autres personnes se joignent à moi pour effectuer les observations.

Il y avait toujours davantage de choses fascinantes à regarder, à enregistrer... et davantage de gens pour m'aider à transcrire toutes ces découvertes ! Ce qui avait commencé par un petit campement pour maman et moi était devenu, six ans plus tard, un centre de recherches où des jeunes gens pouvaient venir et recueillir des informations pour leurs études. J'en étais la directrice.

En 1967, quelque chose de spécial arriva. Pour moi, ce fut l'événement le plus important de toute ma vie. Je mis au monde un enfant.

7.

Les Africains ont dit que mon fils aurait dû être baptisé Simba, *lion* en swahili. Voilà pourquoi : juste avant sa naissance, Hugo et moi campions dans le cratère de Ngorongoro. Ce cratère est l'intérieur d'un volcan géant dont le sommet a explosé il y a des millions d'années. A présent ce sont des kilomètres carrés de prairie, d'arbres, avec un lac et quelques petites rivières. C'est un des plus beaux paysages du monde. Et c'est un endroit célèbre pour la vie sauvage qu'il abrite, en particulier ses superbes lions à crinière noire.

Un soir, Hugo et moi attendions que notre cuisinier, Anyango, nous apporte le dîner, quand soudain la tranquille nuit africaine fut troublée par des cris, puis un étrange tintamarre, comme si quelqu'un jetait avec violence des pots et des casseroles. Après quelques instants de silence, ce fut un bruit de toile de tente qu'on déchirait, et les cris et le tintamarre reprirent de plus belle.

Hugo sortit la tête de la tente pour voir ce qui diable pouvait bien se passer. Mais il recula aussitôt et remonta la fermeture Éclair de la tente. Son visage avait pâli : « Il y a un lion dehors », dit-il, « il est juste entre nous et la Land Rover. »

Dans la brousse, on gare toujours sa voiture près de la tente, afin de pouvoir y bondir en cas d'urgence. Si le lion se trouvait entre la tente et la voiture, cela signifiait qu'il était vraiment à deux pas de nous !

« Il a dû ouvrir la tente de la cuisine d'un coup de patte », dit Hugo. « Ou celle d'Anyango ou de Thomas », dis-je. Thomas, qui nous aidait en faisant divers travaux, avait sa tente juste à côté de celle d'Anyango ; les deux tentes étaient près de celle de la cuisine.

Et si le lion à présent décidait d'ouvrir *notre*

tente d'un coup de patte ? Nous avons allumé notre petit réchaud à gaz. Si le lion essayait d'entrer, nous enflammerions des journaux et les agiterions devant ses yeux.

Quelques instants plus tard, nous avons entendu un bruit de course, puis la portière de la voiture s'ouvrir et claquer. Immédiatement après, nouveaux bruits de course et de portière. Apparemment, Anyango et Thomas se trouvaient maintenant en sécurité.

Hugo entrouvrit prudemment la tente. Il n'y avait plus de lion à l'horizon. Hugo bondit dans la voiture, et la rapprocha encore de la tente pour que j'y monte à mon tour. Anyango et Thomas nous dirent qu'ils avaient vu trois lions. Nous avons allumé les phares, et nous les avons cherchés. Ils ne tardèrent pas à se montrer. C'étaient de jeunes mâles dont la crinière commençait juste à pointer. Nous avons essayé de les entraîner loin du campement. Cela s'avéra difficile : ils étaient curieux et avaient visiblement envie de jouer. Mais heureusement, ils finirent par s'éloigner.

Soulagés, nous sommes revenus au campement... pour le trouver en feu ! Nous avions laissé l'entrée de la tente ouverte, et le vent avait poussé les pans de toile contre le réchaud.

Nous avions un extincteur dans la voiture et nous avons pu rapidement venir à bout des flammes. Ensuite, Anyango et Thomas nous ont raconté l'histoire depuis le début.

Anyango s'apprêtait à servir le dîner lorsqu'il vit soudain une tête de lion à l'entrée de la tente. Il poussa un cri, et jeta tout ce qu'il avait à sa portée à la tête de l'animal : poêle à frire, casseroles, etc... Le lion se retira et Anyango cria pour avertir du danger Thomas, qui faisait tranquillement un somme. Thomas ferma précipitamment sa tente, mais cela ne servit pas à grand-chose. Il vit bientôt avec terreur la tente s'agiter violemment puis la toile se déchirer de haut en bas, en un éclair. Une tête de lion apparut dans l'ouverture. Comme Anyango, Thomas repoussa l'intrus avec tout ce qui lui tombait sous la main.

Ils eurent de la chance : au lieu de s'énerver, les lions s'en allèrent. Anyango scruta prudemment l'extérieur et vit alors le troisième lion – celui qui voulut nous rendre visite à Hugo et à moi – qui suivait ses deux compagnons derrière les tentes. C'est à ce moment-là que Thomas et lui décidèrent de courir à la voiture. C'était pourtant la dernière des choses à faire, car les lions, tout comme les chats, bondissent sur tout ce qu'ils voient bouger. Ils eurent vraiment beaucoup de chance.

Étant donné leur état, il n'était pas question de dormir dans les tentes ce soir-là. Nous avons mangé notre dîner (qui était encore chaud !), puis nous avons emballé le strict nécessaire et sommes remontés dans la Land Rover pour rejoindre une petite cabane, non loin de là. Nous y avions déjà dormi une fois. Le jeune couple qui l'habitait venait juste de partir, la place était donc libre. Imaginez alors notre réaction lorsque nous avons aperçu un superbe lion à crinière noire installé sur la véranda ! Et non loin de lui, une lionne se régalait d'une antilope fraîchement ramenée de la chasse !

Au bout d'un moment, le lion s'en alla. Nous nous sommes débrouillés pour entrer dans la

Grub prend un bain dans la forêt.

cabane sans déranger la lionne, et Anyango et Thomas se sont enfermés dans la petite hutte qui servait de cuisine.

Il était logique qu'ils considèrent que mon fils,

né peu après cette aventure, doive s'appeler Simba ! Mais il s'appela Hugo Eric Louis, et on le surnomma Grub.

Quand Grub était encore tout petit, Hugo et moi étudiions les hyènes dans le cratère de Ngorongoro. Vous pensez probablement que les hyènes ne sont que des peureuses, qui attendent tapies dans l'ombre les miettes qu'abandonnent les lions et qu'elles sont essentiellement nécrophages, les éboueurs de la brousse en quelque sorte. Eh bien c'est faux ! Les hyènes sont maîtresses dans l'art de la chasse, et ne s'attaquent pas seulement à de petites créatures, mais aussi aux gnous et aux zèbres. Très souvent, et tout particulièrement dans le cratère, elles perdent leur proie au profit des lions, mais elles n'abandonnent pas facilement la partie. Bien sûr, elles se nourrissent également des restes des lions, mais elles n'attendent pas toujours patiemment que le lion ait fini son repas. Si elles sont assez nombreuses, elles tentent de le faire déguerpir.

Les hyènes sont vraiment des créatures très

intéressantes. Comme les chimpanzés, elles se déplacent en petits groupes très liés. Comme les chimpanzés, elles ont des personnalités très variées et un comportement fascinant. Comme les chimpanzés, elles ont leur territoire, et peuvent s'attaquer aux hyènes des communautés voisines. La plus grande différence, dans le comportement en société, est que, chez les hyènes, ce sont les femelles qui dominent, tandis que ce sont les mâles chez les chimpanzés.

J'étais très contente d'étudier ces hyènes de Ngorongoro. Les nuits de lune, j'allais en camping-car jusqu'à une tanière de hyène, où il y avait deux adorables bébés, tout noirs. Grub dormait généralement à l'arrière de la voiture. Au fur et à mesure que l'obscurité grandissait, d'autres petits, plus âgés ceux-là, faisaient leur apparition. Ils venaient jouer avec ceux qui n'étaient pas encore assez grands pour aller se promener.

Quels jeux fantastiques se déroulaient autour de la tanière, dans le clair de lune ! Quelquefois,

Grub dans le cratère de Ngorongoro.

les petits jouaient à chat avec une plume d'autruche ou un vieil os. Ils jouaient aussi à la bagarre, faisaient des culbutes l'un sur l'autre, se bousculaient, se mordillaient.

Tard dans la nuit, après la chasse, les hyènes revenaient à leur tanière. Elles allaitaient leurs petits. Parfois elles leur avaient ramené un gros os, ou une tête d'animal. Et certains soirs, même les mères les plus grasses se joignaient au jeu avec ardeur. Leurs ventres rebondis touchaient presque le sol !

Pendant ces mois que nous avons passés dans le cratère, et plus tard, pendant que Hugo filmait les chiens sauvages dans les plaines de Serengeti, des gens nous remplaçaient à Gombe et observaient les chimpanzés. Je les appelais par radio presque tous les jours. Et de temps en temps, nous allions nous-mêmes passer un moment à Gombe.

Mais tant que Grub était petit, il nous fallait faire très attention. Comme je vous l'ai dit, les chimpanzés sont aussi des prédateurs. Je savais que bien des années avant mon arrivée à Gombe, des chimpanzés avaient emporté deux bébés africains. Bien sûr, pour nous, c'est une chose très choquante. Mais les chimpanzés, eux, ne voient pas en quoi il est différent de prendre un petit humain ou de prendre un petit babouin. Et certaines tribus en Afrique de l'Ouest et en Afrique centrale aiment beaucoup la viande de chimpanzé.

Quoi qu'il en soit, je pris toujours bien garde

Grub nous aide
à monter la tente
à Ngorongoro.

à ce que mon bébé soit en sécurité. Nous lui avons d'abord construit une « cage ». C'était un endroit sûr pour mettre son berceau, à l'intérieur de la petite maison que nous habitions Hugo et moi.

Mais bientôt, Grub commença à marcher. Il n'était plus question de le garder dans cette cage. Nous avons alors construit une autre petite maison, plus bas, sur la plage où les chimpanzés ne venaient que très rarement, et nous y avons ajouté une véranda fermée, à l'intérieur de laquelle Grub pouvait jouer en toute sécurité.

Grub n'allait jamais seul dehors. La plupart du temps, c'était avec moi qu'il sortait. A cette époque, j'ai plus ou moins arrêté de travailler avec les chimpanzés. Je montais au campement presque chaque jour, mais juste pour parler un peu avec les étudiants et voir les chimpanzés – Flo, sa petite famille et mes autres amis. Puis je redescendais à mon bureau, dans la maison au bord de l'eau, et je m'occupais de tout ce qui fait partie du fonctionnement du centre de recherches : j'écrivais des rapports, des articles pour des livres scientifiques, j'envoyais des demandes de financement pour que le travail puisse continuer. J'avais environ douze étudiants et assistants à l'époque. Cela représentait beaucoup de travail.

Après le déjeuner, je passais le reste de la journée avec Grub. Nous allions nous promener, nous regardions des livres et nous parlions de beaucoup de choses. Hugo et moi ne voulions pas l'envoyer à l'école – qui était vraiment très éloignée – nous lui avons donc trouvé un professeur. Il avait des cours toute la matinée.

Quand Grub eut sept ans, Hugo et moi nous sommes séparés et avons divorcé. Le travail d'Hugo l'obligeait à se déplacer sans cesse. Et je sentais qu'il était très important pour moi de passer presque tout mon temps à Gombe. Nous sommes restés bons amis, mais c'était une triste situation, surtout pour Grub. Si je pouvais recommencer cette époque de ma vie, je ferais de gros efforts pour essayer que les choses se passent différemment.

Hugo et moi, nous nous sommes remariés chacun de notre côté. J'ai épousé un Anglais,

Derek Bryceson. Il était directeur du parc national de Tanzanie. Derek avait été pilote de

Grub et l'auteur à Olduvai.

guerre en 1940, et son avion avait été abattu. Il avait alors tout juste dix-neuf ans. Il s'est retrouvé presque complètement paralysé des pieds jusqu'à la taille. Il a réussi à surmonter – non sans grandes difficultés – son handicap et à se déplacer à l'aide d'une canne. Mais il lui a fallu pour cela une volonté extraordinaire.

Pour se rendre de sa maison de Dar es-Salaam à Gombe, Derek empruntait un petit avion – un Cessna – à quatre places baptisé «Mike Whisky». Il le pilotait parfois lui-même mais uniquement lorsque l'avion était en vol. Il ne pouvait assurer ni le décollage ni l'atterrissage, car le pilote utilise ses jambes et ses pieds pendant ces deux manœuvres, pour freiner par exemple.

De temps en temps, Grub et moi partions avec lui pour visiter d'autres parcs de Tanzanie.

Un jour, nous avons décollé de Dar es-Salaam en direction de la très jolie réserve de Ruaha. Derek et le pilote étaient assis à l'avant. Ils remarquèrent soudain quelque chose d'inquiétant: une petite fumée grise s'échappait du tableau de bord! Nous volions au-dessus d'une région très accidentée et nous ne pouvions pas espérer atterrir avant de nous trouver au-dessus de la petite piste de brousse de Ruaha... C'est-à-dire au bout de quarante-cinq minutes de vol!

Derek nous dit qu'il fallait essayer de ne pas s'affoler et nous avons parlé d'autres choses. La fumée ne disparaissait pas, mais elle n'augmentait pas non plus.

Finalement nous sommes arrivés en vue de Ruaha. Le pilote amorça sa descente, mais la piste était occupée par un troupeau de zèbres! Voyant cela, le pilote fit remonter l'appareil et commença à tourner autour de la piste.

Encore aujourd'hui, j'ai du mal à comprendre pourquoi brusquement, après tant de minutes d'émotion intense, le pilote se laissa envahir par la panique. Au lieu de continuer à voler autour de la piste, et de s'en rapprocher en attendant que les zèbres s'enfuient, il essaya de nous faire atterrir au milieu des arbres, de l'autre côté, de la rivière Ruaha! Nous avons heurté le sol dans un fracas impressionnant : une aile vint s'écraser contre un arbre, l'avion fit un tête-à-queue avant de s'enfoncer dans les buissons, et termina sa course contre un autre arbre. Le pilote ouvrit alors sa porte et cria : « Filez vite ! Ça va brûler ! » L'instant d'après, il avait déjà disparu. Je dis à Grub de le suivre.

L'avion ayant perdu une aile, il gisait sur le côté, ce qui bloquait l'ouverture de la porte du côté de Derek. Pendant quelques secondes, j'ai réellement paniqué. Je ne voyais pas comment Derek, avec ses jambes presque paralysées, pourrait sortir avant que l'avion prenne feu. Mais Derek me dit de me calmer, et que l'avion ne prendrait pas feu. Très lentement, il réussit à se hisser sur l'autre siège et à sortir.

Une fois hors de l'avion, il nous fallait encore traverser la rivière de Ruaha, car les bureaux de la réserve se trouvaient sur l'autre rive. Nous aurions pu prendre un bateau, mais pour cela il nous aurait fallu remonter la rive pendant plus d'une demi-heure. La rivière n'était pas profonde et nous avons décidé de la traverser, malgré les crocodiles qui l'infestaient. Après tout, si Dieu avait permis que nous survivions à l'accident, Il ne nous laisserait sans doute pas nous faire dévorer ! Et effectivement, nous nous en sommes sortis en un seul morceau !

Nous sommes arrivés épuisés et trempés, mais bien heureux d'être en vie. Nous nous sommes assis et avons bu une bonne tasse de thé chaud. C'est alors que mes jambes se sont mises à trembler : j'étais encore sous le choc !

Ces visites des superbes parcs de Tanzanie étaient merveilleuses et très enrichissantes. Elles me permettaient d'en savoir toujours plus sur de nombreuses espèces d'animaux. Mais je continuais à passer le plus clair de mon temps à Gombe avec les chimpanzés et avec les étudiants venus des États-Unis ou d'Europe, pour nous aider dans nos observations, ou acquérir des connaissances sur le terrain.

Une nuit, en 1975, des rebelles africains du Zaïre traversèrent le lac en bateau à moteur, firent prisonniers quatre des étudiants qui travaillaient à Gombe, et les emmenèrent sur l'autre rive.

Grub et Derek dans la véranda de Dar es-Salaam.

Nous étions terriblement inquiets. Pendant longtemps, nous n'avons pas su où ils se trouvaient. Nous n'étions même pas sûrs qu'ils soient encore en vie. Nous avons tous dû quitter Gombe pour Dar es-Salaam, la capitale de la Tanzanie. Grub et moi avons rejoint Derek dans sa maison au bord de l'océan Indien, et nous avons hébergé beaucoup d'étudiants dans notre petite maison d'hôtes toute proche. Ces jours d'attente dans l'ignorance totale étaient très éprouvants.

Mais finalement, à la suite de négociations secrètes, et après le versement d'une forte rançon, les ravisseurs relâchèrent tous les étudiants.

Pendant ces semaines d'attente, Derek et moi nous étions rendus deux fois à Gombe pour encourager l'équipe tanzanienne qui avait pris notre relève pour les observations. Ils eurent grand besoin d'être guidés et aidés au départ, ensuite ils firent de l'excellent travail.

Mais sans Derek, les recherches sur les chimpanzés auraient pu se terminer là. Derek avait la nationalité tanzanienne – il parlait le swahili avec autant d'aisance que l'anglais. Et il était aimé et respecté de presque tous les Tanzaniens, y compris les autorités de Kigoma et ma propre équipe. Il m'aida à monter un nouveau centre de recherches, où presque toutes les observations étaient effectuées par des équipes tanzaniennes.

L'année suivante, Grub fêta ses neuf ans. Il partit vivre chez ma mère en Angleterre et entra à l'école. Il dormait dans la chambre qui avait été la mienne lorsque j'avais douze ans. Grub et moi passions une partie des vacances ensemble, et il passait l'autre partie avec son père.

8.

Je travaille à Gombe depuis plus de vingt-huit ans et j'ai connu beaucoup de chimpanzés. Il en est que je n'ai pas pu réellement connaître, soit parce qu'ils étaient trop timides et je ne les voyais que rarement, soit parce qu'ils sont morts trop vite, mais j'en ai bien connu d'autres. Et parce que les chimpanzés ressemblent beaucoup aux êtres humains, que chacun a sa propre personnalité, il y a des chimpanzés que je n'ai pas tellement aimés, d'autres qui me laissèrent indifférente, d'autres enfin auxquels je me suis profondément attachée.

C'est le cas pour Flo, et comme elle venait très souvent au campement au début de mes observations, elle et sa famille m'ont énormément appris sur le comportement des chimpanzés.

En 1964, quand Flint est né, Flo dirigeait toutes

Flo mangeant des termites.

les autres femelles de sa communauté. Et malgré son âge avancé – les chimpanzés dépassent rarement les cinquante ans et Flo en avait trente-cinq – elle prenait toujours la défense de Flint avec beaucoup de détermination si jamais il était menacé. Le reste de la famille – en particulier Fifi, mais aussi Figan et Faben qui était adulte – veillait également à la protection du petit Flint. Il en devint presque arrogant. Il lui arrivait de narguer ou même de menacer des chimpanzés vieux et plus forts que lui, sachant pertinemment plus que, s'il risquait des représailles, sa mère, sa sœur ou l'un de ses frères volerait à son secours. A l'âge de quatre ans, Flint était le parfait exemple de l'enfant gâté.

C'est alors que les choses commencèrent à mal tourner pour lui : Flo voulut le sevrer. Elle se mit à le repousser systématiquement lorsqu'il essayait de téter. Quand il sautait sur son dos pendant les promenades, elle le faisait basculer. Beaucoup de jeunes deviennent irritables pendant le sevrage. Ils ont fréquemment des crises de nerfs durant lesquelles ils s'agitent en tous sens et crient jusqu'à s'en étrangler. Flint, qui avait été trop gâté, se mit à piquer de terribles crises de colère. Il lui arriva même de mordre ou de taper sa mère. Il se montra si violent, et si acharné, que Flo n'était toujours pas parvenue à le sevrer lorsqu'elle mit au monde un autre petit.

La plupart des jeunes chimpanzés commencent à faire leur lit seuls, à part, lorsqu'ils ont un nouveau petit frère ou petite sœur. Mais Flint s'obstina à dormir avec sa mère et sa sœur Flame. Lorsque Flo l'en empêchait, il se lamentait jusqu'à ce qu'elle cède.

Flint s'obstina également à rester sur le dos de sa mère, même si la petite Flame se tenait déjà sous son ventre. Comme Flo était avant tout attentive à son nouveau bébé, Flint devenait de plus en plus irritable car il se sentait frustré. Il se conduisait exactement comme un enfant humain jaloux. Il allait jusqu'à vouloir téter sa mère en même temps que sa sœur le faisait. Et lorsque Flo le repoussait – car de toute façon elle n'avait pas assez de lait pour lui – il piquait de nouveau une crise de colère. Quand Flo caressait son bébé, Flint lui prenait souvent les mains et lui demandait de le caresser, lui.

Un jour, j'ai trouvé Flo étendue sur le sol.

Flo, Fifi, Flint et l'auteur

Elle était très malade. La petite Flame avait disparu et nous n'avons jamais su ce qu'il lui était arrivé. A notre grand soulagement, Flo guérit. Ayant de nouveau sa maman pour lui seul, Flint retrouva vite un comportement normal. Mais il continuait à partager le lit de Flo, à voyager sur son dos, et lui réclamait sans cesse des caresses. Et la pauvre Flo finissait toujours par lui céder.

Tout jeune chimpanzé normal âgé de huit ans aurait commencé à s'éloigner de sa mère pour rejoindre les mâles adultes – surtout avec un frère plus âgé pouvant prendre soin de lui, or Flint en avait deux – mais Flint n'était pas comme les autres. Il restait désespérément dépendant de sa mère. Flo, quant à elle, avait l'air de plus en plus âgée. Elle n'avait presque plus de dents, ses poils étaient clairsemés et avaient perdu leur noir luisant, elle ressemblait à une petite vieille dame, frêle et courbée. Lorsque Flint essayait de monter sur son dos, elle s'effondrait sur le sol. Flint dut donc se décider à marcher. Mais il continua à dormir avec elle. Comme elle était devenue trop faible pour suivre les autres chimpanzés, Flint et elle erraient presque toujours seuls.

Quand Flo mourut en 1972, ce fut pour moi un jour très triste. Je la connaissais depuis si longtemps. Elle mourut en traversant la rivière Kakombe, au cours rapide. Elle semblait parfaitement sereine. C'était comme si, brusquement, son vieux cœur s'était arrêté de battre. Je me rappelle être restée longtemps agenouillée près d'elle, à la regarder. Je savais que je venais de perdre une amie très chère, et que rien à Gombe ne serait pareil désormais.

Pour Flint, la mort de sa mère fut un choc terrible dont il ne se remit pas. En la perdant, il perdait tout. Il s'assit, misérable, sur la rive près du corps de Flo, en poussant de petits gémissements. De temps en temps, il se baissait, l'inspectait, à la recherche d'un signe de vie. Il ne la quittait pas des yeux, et parfois même lui pressait une main entre les siennes pour la supplier de le caresser et de le réconforter comme elle l'avait toujours fait. Mais Flo ne bougeait pas. Son corps lourd et froid gisait sur la rive. Flint finit par s'en aller. Il devint dépressif. Il ne mangeait plus rien et se tenait presque toujours à l'écart. Il tomba bientôt malade. Cela arrive très souvent lorsqu'on est malheureux, car alors les défenses du corps contre les maladies sont beaucoup plus faibles.

Cette maladie eut raison du pauvre Flint. Nous avions pourtant essayé de l'aider de toutes nos forces. Nous lui avions sans cesse apporté à manger, et nous avions passé beaucoup de temps auprès de lui, pour qu'il se sente moins seul. Mais en fait, rien ne semblait pouvoir l'aider, et Flint mourut un mois après sa mère. Parce qu'elle avait été trop âgée pour l'obliger à devenir indépendant, Flint, semble-t-il, n'avait pas été capable de faire face à la vie sans sa mère.

Des enfants de Flo, il nous restait Faben, Figan et Fifi.

Le centre était en effervescence le jour où Fifi, alors âgée de treize ans, mit au monde son premier bébé. C'était un mâle que j'ai prénommé Freud. Nous nous demandions quelle sorte de mère Fifi serait. Au fil des jours, nous avons constaté que Fifi était comme Flo, affectueuse, protectrice, tolérante et joueuse. Le comportement de Fifi était guidé en partie par son instinct et en partie par le souvenir de ce que faisait Flo pour Flint et Flame. Il est probable qu'elle s'est

Fifi joue avec Frodo.

aussi souvenue des jours où sa mère l'avait laissée s'occuper de Flint.

Freud avait cinq ans lorsque Frodo, son petit frère, naquit. Freud l'adorait. Il jouait avec lui et le portait tout comme avait fait Fifi douze ans plus tôt avec Flint. Frodo, quant à lui, ne quittait

Fifi et Fanni.

pas son grand frère des yeux. Un jour, il regarda Freud jouer avec de jeunes babouins, s'amuser à les poursuivre, et finalement les menacer en agitant un grand bâton. Fasciné, Frodo voulut en faire autant, mais il ne parvint même pas à soulever le bâton! A force de vouloir à tout prix imiter son frère aîné, Frodo fut très précoce.

Quand Frodo eut cinq ans, Fifi mit au monde une femelle, Fanni. Et puis, quatre ans et demi plus tard, arriva Flossie. Freud, l'aîné, était alors en pleine maturité, ce qui ne l'empêchait pas de passer du temps avec sa famille, et de jouer avec ses deux petites sœurs.

Quand je suis à Gombe, j'adore rester dans la forêt avec Fifi et sa famille. Si je sais où ils ont dormi pendant la nuit, je me lève très tôt et j'arrive près d'eux au lever du jour. Puis je les suis pendant des heures, parfois même tout au long de la journée.

Suivre des chimpanzés n'est pas chose facile. Il existe plusieurs pistes, à Gombe, mais les chimpanzés ne les empruntent que rarement. Ils ont leurs propres sentiers et se déplacent aisément au milieu des épais buissons, des arbustes et des épineux. Pour suivre, il faut souvent courir à quatre pattes, ou même se faufiler à plat ventre comme un serpent. Les épines s'accrochent aux habits et aux cheveux, les plantes attrapent les boucles des chaussures, et pendant que l'on se bat pour se délivrer, on voit les formes sombres disparaître dans la brousse. Il y a là presque de quoi pleurer de frustration.

Avec un peu de chance, on parvient à retrouver les chimpanzés, après un dur combat contre la végétation. Ils sont là-haut dans un arbre, en train de se régaler tranquillement, ou alors ils se reposent à l'ombre des buissons en se faisant des câlins. On peut alors se détendre un peu et rassembler ses forces pour le prochain périple.

Les Tanzaniens sont formidables pour ce qui est de suivre les chimpanzés, même à travers les buissons les plus épais, même sur les pentes les plus rocailleuses et les plus traîtresses. Mais eux aussi doivent parfois abandonner la partie, par exemple si les chimpanzés traversent une vallée profonde en se balançant d'arbre en arbre, ou si tout simplement ils décident brusquement d'accélérer et de se faire silencieux.

Cependant, si éprouvante que soit parfois l'expédition, elle en vaut toujours la peine. Souvent, au terme d'un parcours très pénible, on est récompensé par un spectacle particulièrement intéressant. Je me rappelle notamment un jour où j'ai entendu un groupe de mâles lancer un appel. Je suivais alors Fifi et sa petite famille. Elle n'avait pas envie de les rejoindre, mais Freud si. Cependant, malgré son âge adulte, il ne voulait pas y aller sans maman. Pas ce jour-là. Qu'a-t-il fait ? Il s'est approché de la petite Flossie qui jouait tranquillement toute seule, et l'a fait s'accrocher sous son ventre. Puis il a déguerpi en direction des autres mâles, sachant que sa mère ne pourrait pas faire autrement que de le suivre !

Je me demande si Freud deviendra chef un jour, comme son oncle Figan. L'accession de Figan au rang de chef est une des histoires passionnantes dont j'ai été témoin en suivant la famille de Flo, au cours des années.

Vous vous souvenez sans doute de la façon dont Mike était devenu chef. Un jour, alors qu'il avait environ trente-cinq ans, il fut renversé par un mâle très grand et très agressif : Humphrey.

Mais malgré sa taille impressionnante, Humphrey ne resta chef que dix-huit mois. Ensuite, ce fut le tour de Figan.

Faben après son attaque de polio.

Comme Mike, Figan était petit, et comme Mike, il utilisa son cerveau pour venir à bout de ses adversaires. De quelle manière ? En se servant des excellentes relations qu'il entretenait avec son frère Faben. Faben fut touché par la polio lors de l'épidémie de 1966 et perdit l'usage d'un bras. Mais malgré son handicap, c'était un excellent allié. Il marchait debout et savait se donner une allure très impressionnante lorsqu'il chargeait l'adversaire. Figan savait que, s'il provoquait un des mâles les plus âgés, Faben se précipiterait presque toujours pour l'aider. Aussi ne défiait-il le redoutable Humphrey que si Faben était avec lui. Il le menaçait alors, à plusieurs reprises, et était rapidement rejoint par Faben, ce qui faisait deux contre un.

Humphrey devint de plus en plus tendu lorsque les deux frères étaient dans les parages, tandis que Figan, lui, prenait de plus en plus d'assurance.

Un soir, il se passa quelque chose de très étonnant. Figan était avec un groupe nombreux de chimpanzés. Faben était là également, ainsi qu'Humphrey. Le soleil se couchait et les chimpanzés commencèrent à préparer leur lit.

Brusquement, Figan se mit à agiter sauvagement les branches, et les autres chimpanzés s'éloignèrent de lui en poussant de longs cris.

Aussitôt encouragé par cette marque de pouvoir, Figan bondit sur Humphrey, qui était déjà installé sur son lit, et l'attaqua. Humphrey roula et tomba sur le sol en hurlant. Figan suivit et l'attaqua de nouveau, puis remonta dans l'arbre. Quelques instants plus tard, Humphrey grimpa à son tour et se prépara un second lit.

Mais Figan n'en avait pas encore terminé. Dès que le silence se fut réinstallé, il se jeta une seconde fois sur Humphrey. Pauvre Humphrey ! Il resta assis sur le sol à gémir jusqu'à la nuit noire, puis il remonta timidement dans l'arbre et fit son troisième lit. De toute sa vie, jamais plus il ne tenta de dominer Figan. Ainsi, le fils de Flo devint le chef de sa communauté à l'âge de vingt-trois ans et le resta jusqu'à sa mort, dix ans plus tard.

Les histoires que je viens de vous raconter concernent surtout la vie d'une famille de chimpanzés, la famille de Flo. Mais j'espère bientôt écrire d'autres livres, car il y a bien d'autres chimpanzés qui sont devenus mes amis, et j'ai appris tellement de choses fascinantes pendant toutes ces années. Bien sûr, plus je prends de temps pour écrire, et moins il m'en reste pour mes chimpanzés. Mais c'est très important pour un scientifique de faire partager ses connaissances. Je veux que tout le monde comprenne à quel point les chimpanzés sont des êtres merveilleux.

Je passe en général chaque année quatre mois à Gombe, quatre mois à écrire à Dar es-Salaam, et le reste de l'année à gagner de l'argent pour que les recherches puissent continuer. A Dar es-Salaam, j'écris dans la maison de Derek, au bord de l'océan Indien. J'y vis seule à présent, avec trois chiens. Derek est mort d'un cancer quelques années après notre mariage.

Chaque printemps, je fais une tournée de conférences aux États-Unis. Même si la recherche avait tout l'argent dont elle a besoin, je ne cesserais probablement pas ces tournées, parce que je veux partager ce que je sais avec le plus de gens possible. J'ai eu beaucoup de chance dans

Melissa et ses jumeaux

ma vie. J'ai connu la joie immense de pouvoir observer des animaux libres et sauvages. Des milliers de gens ne pourront jamais vivre cette expérience, mais au moins, je peux leur en parler.

Mes séjours à travers l'Amérique se font à un rythme infernal. Je cours de ville en ville sans jamais avoir le temps que je voudrais. Après chacune de ces fatigantes tournées, je retourne en Angleterre, dans la chère maison de briques rouges où j'ai grandi, les Bouleaux. Danny n'est plus là, mais elle a vécu jusqu'à l'âge de quatre-vingt-dix-sept ans, en gardant toutes ses facultés. Oncle Eric est mort aussi, à quatre-vingt-huit ans. Mais maman, Olly et Audrey sont toujours là. Nous avons un chien merveilleux, Cida, avec qui je fais de longues promenades. Nous allons sur les falaises et suivons tous les chemins que je parcourais avec Rusty.

De retour en Tanzanie, je vais le plus tôt possible à Gombe. Mais d'abord je passe quelque temps avec mes amis, mes collègues, et aussi avec mes trois chiens – Cendrillon, Ripal et Seranda. Bien que je veille à ce que quelqu'un s'occupe gentiment d'eux pendant mes absences, ils sont toujours très heureux de retrouver leur maîtresse. Il n'est pas toujours facile d'aller à Gombe. Les

A la recherche des chimpanzés.

avions sont souvent annulés au dernier moment, le voyage en train dure presque trois jours. Quand je me retrouve sur place, j'ai toujours beaucoup de problèmes à résoudre. La Tanzanie est un pays pauvre, et il est assez difficile de s'approvisionner correctement en médicaments, en essence, en matériaux de construction, etc... Nous avons même connu des périodes où il n'y avait pas assez de nourriture.

Mais pour moi, tous les problèmes s'envolent quand je suis les chimpanzés à travers la forêt et que je peux rester des heures entières auprès d'eux. Les oiseaux chantent et le vent murmure dans les arbres. Des petits lézards montent et descendent le long des vieux troncs. C'est comme si j'étais au paradis.

J'écris ces mots dans ma maison sur la plage à Gombe. Il pleut doucement dehors. Durant la saison des pluies, je suis presque toujours seule à Gombe et j'en suis très heureuse. Il commence à se faire tard et bientôt je vais devoir allumer ma lampe à huile.

Il y a un grand figuier tout près de la maison. Tout à l'heure, le plus vieux des chimpanzés mâles est venu jusqu'ici. Il a mangé des figues pendant trois quarts d'heure, puis il est reparti vers la montagne.

Il faisait beau hier soir. Je me suis assise sur la

plage après le dîner, dans la lumière de la pleine lune, et j'ai pensé à la cinquantaine d'années que j'ai vécue. Si je pouvais tout recommencer, que ferais-je de manière différente, me suis-je demandé. Il y a des choses que j'ai faites et que je regrette, et il y a des choses que je regrette de ne pas avoir faites. Mais dans l'ensemble, cependant, je ne voudrais pas d'une vie différente.

Bien sûr, il y a des choses tristes. Des gens en qui j'avais confiance m'ont trahie, et j'ai, *moi,* parfois trahi des gens qui me faisaient confiance, ce qui est bien pire. Ce n'est pas grave d'en vouloir à quelqu'un, mais s'en vouloir à soi-même, c'est difficile à supporter. Cependant il faut vivre ce genre de choses pour pouvoir faire en sorte qu'elles ne se reproduisent plus.

Si quelqu'un me demandait : « Quels ont été les meilleurs moments de votre vie, et quels ont été les pires ? » je répondrais d'abord qu'il y a deux sortes d'événements : ceux que l'on subit, les mauvais coups du sort, mais aussi les chances et les événements dont on est plus ou moins responsables.

Parmi les pires moments de ma vie, il y a tout d'abord la mort de Derek, mais je n'y pouvais rien. Une autre période très difficile fut celle de mon divorce. Là, par contre, j'en étais partiellement responsable.

En ce qui concerne les meilleurs choses de ma vie, je considère que j'ai été gâtée par la chance : tout d'abord j'ai eu une famille, une mère, extraordinaires. J'ai eu aussi la chance de naître avec un corps robuste et en bonne santé. Il est très facile de détruire un corps sain par le tabac, la drogue, etc... Mais si l'on naît avec un corps malade, ou imparfait, il est très difficile et parfois même impossible de le corriger. Le fait que les parents de ma meilleure amie soient partis vivre au Kenya, ça aussi, c'était une chance, une chance fantastique qui m'a permis de rencontrer Louis Leakey. Cependant, si je suis partie en Afrique, j'avais travaillé dur pour m'offrir le voyage. Si Louis m'a engagée, c'est parce que j'avais de grandes connaissances en matière d'animaux. Et pour que mon expérience avec les chimpanzés devienne un succès, il m'a tout d'abord fallu des mois et des mois de patience. Je n'ai jamais renoncé, même quand tout semblait difficile.

Et si l'on me demandait : « Qu'avez-vous fait pour les autres ? Qu'avez-vous fait de positif ? »

Eh bien, j'ai élevé un fils remarquable. J'ai donné la possibilité à de nombreux étudiants doués de travailler à Gombe. Ils sont partout dans le monde à présent, et continuent à faire des recherches. Ils disent que leur séjour auprès des chimpanzés leur a beaucoup apporté.

Avec le soutien d'autres personnes, j'ai aidé les gens à comprendre combien les chimpanzés sont intelligents et merveilleux. Et cela a aidé les chimpanzés. Au moins, à présent, ils sont mieux traités dans la plupart des zoos qu'ils ne l'étaient autrefois. J'ai aidé certains zoos à rassembler des fonds pour que leurs chimpanzés soient sortis de leurs cages étroites et placés dans des espaces à ciel ouvert. J'ai essayé de faire mon possible pour améliorer la vie des chimpanzés captifs.

J'ai récemment commencé à mettre en place un tout nouveau projet concernant les chimpanzés en captivité. Cela s'appelle Chimpanzoo. Des étudiants, des gardiens, des volontaires observeront le comportement des chimpanzés en zoo, comme je l'observe à Gombe. Environ quatorze zoos d'Amérique du Nord sont déjà prêts à y prendre part, et d'autres espèrent le faire bientôt. Certains zoos d'Europe même veulent se joindre à nous. Que de choses découvrirons-nous encore dans les années à venir ! Ce qui est le plus important, c'est que, dans ces zoos participants, la vie des chimpanzés a été nettement améliorée. Non seulement on les sort de leurs cages trop petites, mais on commence aussi à leur donner une meilleure nourriture – et surtout plus variée. On leur donne également de quoi s'occuper pour qu'ils ne s'ennuient pas trop.

Ce programme devrait nous apporter beaucoup de connaissances nouvelles. Peut-être participerez-vous à cette expérience Chimpanzoo, si cela vous intéresse.

Nos travaux sur les chimpanzés nous ont aussi permis de comprendre beaucoup plus de choses sur les humains. Nous savons maintenant que nous sommes moins différents des autres animaux que nous ne le pensions. Nous savons que les chimpanzés peuvent faire de nombreuses choses que nous croyions réservées aux humains. Je vous ai donné l'exemple des outils, mais savez-vous qu'un chimpanzé est capable d'apprendre au moins trois cents signes du langage des sourds-muets, et, à partir de ces signes, de faire des « phrases », de « parler » aux humains ?

Bien sûr, dans certains domaines, nous sommes très différents des autres animaux. Avec notre langage, nous pouvons évoquer le passé et faire des projets pour l'avenir. Nous sommes libres, et nous pouvons décider de faire une chose que nous savons bonne, même si nous n'en avons pas envie.

Et à présent ? Quels sont mes projets ?

Tout d'abord, je vais continuer à travailler à Gombe aussi longtemps que je le pourrai. J'espère qu'il y aura toujours des gens pour étudier les chimpanzés et de l'argent pour les aider longtemps, lorsque je serai devenue trop vieille pour grimper sur les collines. Je veux savoir quelles sortes de mères seront Fanni et Flossie. Je veux savoir si Frodo va devenir chef, comme je le soupçonne. Et j'ai bien d'autres questions encore.

Dans l'immédiat, mon but le plus important est d'essayer d'améliorer la condition des chimpanzés et d'autres animaux qui sont utilisés pour la recherche médicale.

D'une certaine manière, peut-être que la partie la plus importante de ma vie est encore devant moi.

9.

Lorsque j'avais votre âge, je ne pensais pas tellement à ce que je ferais plus tard. Je savais que, d'une manière ou d'une autre, j'irais en Afrique. Je savais que je trouverais un moyen de travailler avec des animaux. Mais j'étais trop occupée à vivre et à apprendre pour songer sérieusement à l'avenir. Trop occupée à lire des livres, à regarder les oiseaux et les insectes dans le jardin, à me promener avec Rusty. Trop occupée à organiser le club Alligator, à grimper aux arbres, à monter à cheval. Et trop occupée à m'amuser. On a toujours beaucoup ri dans ma famille !

Et vous ? Savez-vous ce que vous voulez faire lorsque vous serez adultes ? Si oui, vous avez de la chance. Très souvent, les jeunes maintenant

Grub et l'auteur à Gombe.

n'ont aucune idée de ce qu'ils veulent faire, même lorsqu'ils ont fini l'école. A l'époque où j'écris ces mots, mon fils a vingt et un ans. Il fait des études d'anthropologie. Mais il ne sait pas ce qu'il fera ensuite. Pas encore.

Supposons que vous fassiez partie des originaux. Disons par exemple que vous voulez travailler avec des animaux, comme moi à votre âge. Y a-t-il un moyen de vous y préparer maintenant ?

Bien sûr il y en a. Ils sont même très nombreux. Vous pouvez regarder les animaux et observer ce qu'ils font. Vous pouvez prendre des notes sur ce que vous voyez. Et vous pouvez vous poser toutes ces questions : *Pourquoi ? Comment ? A quoi ça sert ?* dont nous avons parlé dans le premier chapitre. Vous trouverez certaines réponses en observant. Pour d'autres, vous chercherez dans des livres, ou demanderez à un professeur. Quoi que vous fassiez, quel que soit l'animal, ne faites jamais de choses qui puissent lui faire peur ou mal.

Vous pouvez vous promener dans la nature, comme je le faisais. Même si vous habitez la ville, il y a des parcs et des jardins où vous pouvez observer certaines sortes d'animaux. Rappelez-vous que j'ai commencé avec des vers ! Vous pouvez ramasser une chenille, la garder dans un bocal, et attendre qu'elle devienne une chrysalide. Mais il vous faudra d'abord découvrir ce qu'elle mange. Pensez à toujours lui donner de la nourriture fraîche. (Mettez les tiges des feuilles dans de l'eau, dans un récipient à extrémité étroite – comme une bouteille – afin que la chenille ne risque pas d'y tomber et de se noyer. Ainsi, la nourriture restera fraîche plus longtemps.) Vous serez furieux contre vous-même si vous oubliez de nourrir votre chenille et que vous la retrouvez un matin en piteux état. Elle aura également besoin d'eau – quelques gouttes déposées sur les feuilles suffiront. Vous verrez comme sa peau change au fur et à mesure qu'elle grossit.

Quand elle se sera enfermée dans sa chrysalide, il faudra la mettre dans un endroit où vous pourrez la voir tous les jours. Sinon vous risquez de l'oublier, puisque vous n'aurez plus à vous en occuper. C'est merveilleux de voir le papillon émerger, de voir ses ailes fripées devenir droites et vigoureuses, de le voir s'envoler pour la première fois.

C'est encore plus intéressant d'observer un couple d'oiseaux qui se prépare à construire un nid. Il ne faut pas se tenir trop près, sinon ils changeront d'emplacement. Regarder et prendre des notes sur tout ce qui se passe, de la ponte des œufs à l'envol des petits, vous donnera un réel sentiment de satisfaction.

Un jour, j'ai eu beaucoup de chance : un rouge-gorge vint plusieurs fois sur le rebord de ma fenêtre. C'était en hiver, et j'étais au lit, malade. Je mis des miettes de pain chaque jour – nous avions fixé un petit abri à oiseau à la fenêtre. Ce rouge-gorge devint si confiant qu'il vint manger des miettes sur mon lit. Je laissais toujours la fenêtre ouverte même lorsqu'il faisait très froid. Au printemps, le rouge-gorge vint avec sa compagne, et ils construisirent leur nid dans ma chambre, sur la bibliothèque, tout près des aventures du Dr Doolittle ! C'était vraiment fabuleux.

Avez-vous un chien ? Si oui, lorsqu'il veut sortir, de quelle manière vous le fait-il comprendre ? Est-ce qu'il aboie ? Est-ce qu'il gratte à la porte en vous regardant ? Dans ces cas-là, le message est très facile à comprendre. Mais tous les chiens ne se comportent pas ainsi. Un chien viendra vers vous, ou un autre membre de la famille, et posera sa tête sur vos genoux. Un autre vous regardera et agitera une patte, la queue frétillante. Un troisième se mettra à haleter de plus en plus fort, ou à marcher sans répit et se mettre dans vos jambes. Si un chien perd l'espoir d'être compris de ces humains sourds et inattentifs, il finira par se coucher tristement. Mais si alors quelqu'un se lève, il se montrera immédiatement tout excité et bondira allègrement.

J'ai connu un caniche qui allait chercher, une par une, les chaussures de sa maîtresse et les lui apportait. Beaucoup de chiens apportent leur laisse. Konrad Lorenz a pu observer une méthode originale : sa chienne avait parfois un besoin urgent de sortir au milieu de la nuit. Elle ne parvenait pas à réveiller Lorenz en gémissant et en grattant à la porte – ce qui était sa méthode habituelle. Cela prenait trop de temps. Alors elle sautait sur le lit – ce qui était rigoureusement défendu – extirpait Lorenz des couvertures, et le jetait à bas du lit !

Vous pouvez aussi observer les chiens de vos amis. Essayez de répertorier tous les signes qu'ils emploient pour s'adresser à leur maître ou communiquer avec les autres chiens. Vous pouvez d'ailleurs faire la même chose avec les chats.

Polynésie, le perroquet du Dr Doolittle, nous dit que, pour apprendre le langage des animaux, il faut d'abord savoir les observer. Nous devons être capables de remarquer les moindres petits détails : la manière dont ils se déplacent, bougent la tête, battent des ailes, leur façon de humer l'air, de remuer leurs moustaches ou leur queue.

Vous n'avez pas besoin de devenir éthologue pour étudier les animaux. Il y a beaucoup d'autres mots en « ologue » ou « ologiste » ! Vous pouvez devenir zoologiste, biologiste, anthropologue, ou même écologiste. Vous avez le choix, il y en a encore beaucoup d'autres ! Vous pouvez chercher leur signification dans le dictionnaire. Mais peut-être avez-vous envie de devenir vétérinaire, de travailler dans une clinique pour animaux, ou de vous occuper de chevaux.

Rappelez-vous une chose : si *vraiment* vous êtes décidés à travailler avec des animaux, tôt ou tard, d'une manière ou d'une autre, vous en trouverez un jour le moyen. Mais pour cela, il faut le désirer très fort, travailler beaucoup, et être prêt à bondir sur la moindre occasion.

Mais peut-être n'avez-vous pas envie d'étudier les animaux. Peut-être voulez-vous devenir ingénieur, informaticien, médecin, que sais-je... Et cela n'empêche pas cependant que vous *aimiez* les animaux. Peut-être voudriez-vous en savoir davantage sur eux, ou comment les aider ? Ou peut-être aimez-vous les endroits sauvages, et avez-vous peur qu'ils soient détruits ou pollués ?

Il est très important d'essayer de sauver les régions sauvages où vivent des animaux en liberté. Les animaux ont tout autant le droit de vivre que nous. De plus, si nous détruisons le monde naturel, nous privons ceux qui vivront après nous de toute cette beauté.

Cela peut être réellement désastreux pour nous de détruire des espèces vivantes. Nous savons que bien des médicaments importants utilisés pour guérir les maladies humaines nous viennent des plantes, parfois même de certains insectes. Lorsque nous détruisons une région sauvage, nous détruisons peut-être toute une espèce de plantes ou d'animaux qui n'existe nulle part ailleurs. Sans le savoir, nous risquons de détruire le remède contre le cancer, le sida ou tout autre terrible maladie.

Dans une forêt, un désert ou n'importe quelle campagne, toutes les différentes sortes de plantes ou d'animaux constituent un ensemble extraordinaire d'équilibre et de précision. Si nous détruisons cet ensemble, nous pouvons provoquer des catastrophes. Par exemple, lorsque la maladie de la mixomatose s'introduisit en Angleterre et fit périr tous les lapins, les renards n'eurent plus grand-chose à se mettre sous la dent. Ils commencèrent alors à tuer les poulets dans les fermes. Les fermiers déclarèrent aussitôt la guerre aux renards. Mais après les avoir chassés, ils découvrirent que les rats et les souris se multipliaient, parce que les renards n'étaient plus là pour les manger. Les rats et les souris firent des ravages dans les champs et dans les récoltes. Les pertes des fermiers furent catastrophiques.

Prenons un autre exemple, celui du fermier qui veut protéger ses champs en les arrosant d'insecticide. Il tue non seulement les insectes nuisibles, mais aussi des insectes inoffensifs et même utiles, comme les abeilles qui nous donnent le miel. Les créatures qui se nourrissent d'insectes, en particulier les oiseaux, tombent malades et meurent.

A force de répandre sans réfléchir tous ces produits toxiques, les humains se rendront peut-être malades eux aussi.

Il y a tellement d'exemples d'animaux maltraités dont les gens n'entendent jamais parler !

Et dans le cas contraire, ils pensent qu'on ne peut rien y faire. C'est presque toujours faux.

Songez notamment à la façon dont beaucoup d'animaux de ferme sont traités aujourd'hui. Cela s'appelle «l'élevage industriel». Presque toujours, dans le monde occidental, les poulets doivent vivre entassés à trois ou plus dans de minuscules cages. Les cochons – qui sont pour la plupart aussi intelligents que les chiens – sont traités de la même façon et ne peuvent même pas se dégourdir les pattes en plein air. Heureusement, il y a encore beaucoup de fermiers qui élèvent leurs animaux «à l'ancienne», et l'on peut toujours acheter leurs produits.

Des milliers d'animaux servent de cobayes chaque année pour des tests variés: détergents, produits cosmétiques et, en fait, tout nouveau produit qui sort sur le marché. Des lapins, des cochons d'Inde, des rats et des souris, mais aussi des chiens et des chats sont utilisés pour tous ces tests. Il arrive parfois que l'expérience soit douloureuse pour l'animal. Beaucoup de gens se battent pour essayer de changer cela. Des scientifiques, notamment, travaillent avec acharnement pour trouver des moyens de tester les produits sans avoir recours aux animaux.

Beaucoup d'animaux sont également utilisés pour la recherche médicale. Cela ne serait pas si choquant si les recherches étaient toujours indispensables et si les animaux étaient traités correctement. Malheureusement, une grande part de ces recherches ne sont pas utiles – ou le sont peu – pour l'être humain, et dans la plupart des cas les animaux sont très mal traités.

Permettez-moi de m'étendre un peu sur ce sujet.

Pourquoi devrait-on tellement s'inquiéter du sort de ces animaux ? Est-ce *vraiment* important ? Après tout, beaucoup d'êtres humains sont maltraités eux aussi ? Ne serait-il pas plus normal que l'on s'occupe en premier lieu des injustices qui affectent les hommes ? On m'a souvent posé ces questions. Je n'ai aucun mal à y répondre. Naturellement, nous devons nous inquiéter des personnes maltraitées si l'on en est proche, assez proche pour pouvoir *faire* quelque chose. Mais nous devons agir de même pour les animaux. La cruauté est une chose épouvantable. Je suis convaincue que c'est le plus grave des péchés.

Nous sommes encore probablement très loin d'un monde où la cruauté n'existerait plus. Mais je crois que nous pouvons tous, à notre échelle, faire quelque chose pour que ce monde soit *moins* cruel. Regardez simplement autour de vous. Si vos voisins sortent chaque soir en laissant leur enfant tout seul, est-ce quelque chose dont vous devez vous inquiéter ? Absolument, oui. Et si vos voisins maltraitent leur chien ? Devez-vous essayer de faire quelque chose ? Oui également. Vous pouvez prévenir la SPA. Et si le chien est laissé enfermé des heures durant, vous pouvez proposer aux propriétaires – avec la permission de vos parents – de le promener.

Il est capital que nous apprenions à réagir lorsque nous voyons un animal souffrir. Un jour, j'avais alors à peu près votre âge, j'ai vu quatre garçons beaucoup plus grands que moi en train d'arracher les pattes à un crabe. J'ai trouvé cela monstrueux. Je leur ai demandé pourquoi ils le faisaient, et ils m'ont répondu: «C'est pas tes affaires.» Je leur ai dit que c'était cruel, et ils m'ont ri au nez. Je suis partie. Aujourd'hui, quarante ans plus tard, je m'en veux encore. Pourquoi n'ai-je pas davantage essayé de les empêcher de torturer ce crabe?

Mon fils n'était pas comme ça. Lorsqu'il avait cinq ans, il passait quelques mois dans une garderie en Californie, car, à cette époque, je donnais une série de cours là-bas chaque année. Un jour, il vit un garçon de sept ans en train de terrifier un lapin en cage en l'arrosant avec un petit jet d'eau. Le garçon semblait y prendre beaucoup de plaisir. Le sang de Grub ne fit qu'un tour et il se précipita pour arracher le jet des mains du tortionnaire. Ils en arrivèrent à se battre, et malgré ses deux ans de moins, Grub réussit à gagner. La surveillante était furieuse et punit sévèrement Grub pour sa mauvaise conduite.

Mais elle ne dit rien à l'autre garçon. Grub se moquait d'être puni. Il savait qu'il avait raison et il avait fait cesser les malheurs du lapin. C'était l'essentiel.

Ayant passé tant d'années à travailler avec les chimpanzés et ayant compris qu'ils étaient très proches des êtres humains, je me sens particulièrement concernée par les atrocités qu'on leur fait souvent subir. Dans tous les endroits d'Afrique où ils vivent, on rase les forêts, en partie pour faire la fortune de quelques vendeurs de bois et en partie parce que les Africains ont besoin de davantage de place. Et les chimpanzés sont chassés, chassés pour leur viande. On tue les mères pour voler les petits et les vendre à la recherche médicale.

Il faut absolument que les gens s'unissent pour faire cesser cela.

Comme le corps du chimpanzé est très proche du corps de l'homme, et comme les chimpanzés peuvent attraper toutes les maladies humaines, des centaines d'entre eux sont utilisés pour la recherche de traitements et de vaccins. Ce qui est terrible, c'est que ces chimpanzés sont traités aussi mal que les autres animaux en laboratoire. Ils sont souvent enfermés seuls, dans des cages minuscules, sans rien de confortable pour s'asseoir et se reposer, sans aucun objet avec lequel s'occuper. Et, bien sûr, il n'y a personne pour les aimer et les réconforter lorsqu'on leur fait du mal, lorsqu'ils sont malheureux. Dans de telles conditions, un humain ne tarderait pas à devenir fou. C'est ce qui arrive aux chimpanzés. Je veux essayer de les aider.

Peut-être, un jour, les savants auront-ils découvert le moyen de tester des médicaments sans avoir besoin d'animaux. Je crois qu'il faut avoir confiance en l'intelligence des hommes.

Mais en attendant ce jour, il est fondamental d'essayer de donner à ces animaux des espaces plus confortables, plus d'attention, et surtout davantage d'amour et de respect.

Je terminerai avec une histoire, celle d'un chimpanzé qu'on appelait le Vieux. Il avait été acheté par un zoo d'Amérique du Nord lorsqu'il était encore adolescent. Mais on ne savait pas d'où il venait, peut-être d'un cirque ou d'un laboratoire. Il haïssait les hommes. On le mit sur un îlot avec trois femelles adultes. Rapidement, il s'entendit très bien avec elles et devint père d'un petit.

Un jeune homme nommé Marc était alors chargé de s'occuper des chimpanzés. Il prenait un petit bateau et, une fois près de l'îlot, il lançait la nourriture. Tout le monde lui avait dit qu'ils étaient très dangereux.

D'ailleurs, il est vrai que les chimpanzés en captivité sont souvent dangereux. Cela vient de la façon dont on les traite.

Pendant quelque temps, Marc nourrit les chimpanzés comme on le lui avait dit. Puis il décida d'essayer de gagner leur amitié. Il considérait que cela faisait partie de son travail. Il s'approcha de plus en plus, et en arriva bientôt à leur tendre la nourriture qu'ils venaient prendre dans sa main. Il leur parlait gentiment. Et il parvint même à monter sur l'îlot. Au début, il lui arriva tout de même de se faire attaquer par les adultes, voire de se faire mordre. Mais il n'abandonna pas.

Un peu plus tard, il devint l'ami du Vieux. Il pouvait jouer avec lui et le caresser. Mais les femelles restèrent distantes.

Un jour, Marc glissa et tomba tout près du petit qui se mit à crier de peur. Aussitôt la mère se jeta sur Marc et le mordit au cou. Marc sentit le sang couler sur son épaule et sa poitrine. Mais avant qu'il ait pu se relever, les deux autres femelles bondirent à leur tour sur lui. L'une lui mordait un bras, l'autre, la jambe. Marc s'aperçut que sa main s'engourdissait totalement, et il pensa qu'il était perdu. Il n'était même plus capable de résister.

Brusquement surgit le Vieux. Il se saisit des femelles et les éloigna l'une après l'autre de Marc. Puis il les força à reculer. Marc commença à se traîner péniblement vers le bateau. Le Vieux restait tout près de lui et ne cessait de menacer les femelles. Enfin, Marc réussit à quitter l'îlot. Le Vieux lui avait sauvé la vie.

Cette histoire m'a beaucoup appris. Si un chimpanzé peut aider un humain en détresse, alors les humains se doivent d'aider, chaque fois qu'ils le peuvent, les chimpanzés et toutes les créatures qui vivent dans le monde aujourd'hui.

C'est ce que j'essaie de faire. J'espère que vous m'aiderez.

Le petit Flint tendant la main
à son amie